产品管理提速攻略
INNOVATE PRODUCTS FASTER

[美] John Carter Jeanne Bradford 著

夏青 译

华中科技大学出版社
中国·武汉

图书在版编目(CIP)数据

产品管理提速攻略 /(美)约翰·卡特,(美)珍妮·布拉德福德著;夏青译. — 武汉:华中科技大学出版社,2017.12
 ISBN 978-7-5680-3545-3

Ⅰ. ①产… Ⅱ. ①约… ②珍… ③夏… Ⅲ. ①产品管理 Ⅳ. ①F273.2

中国版本图书馆CIP数据核字(2017)第302169号

Original English Language Edition Copyright ©2012 by John C. Carter.
The Chinese Translation Edition Copyright ©2017 by HUAZHONG UNIVERSITY OF SCIENCE AND TECHNOLOGY PRESS in arrangement with John Carter & Jeanne Bradford.

湖北省版权局著作权合同登记　图字:17-2017-374号

产品管理提速攻略　　　　　　　　　[美]John Carter, Jeanne Bradford 著
Chanpin Guanli Tisu Gonglüe　　　　　　　　　　　　　　　　　夏青 译

策划编辑:徐定翔
责任编辑:陈元玉
责任监印:周治超
出版发行:华中科技大学出版社(中国·武汉)　　电话:(027)81321913
　　　　　武汉市东湖新技术开发区华工科技园　　邮编:430223
录　　排:武汉金睿泰广告有限公司
印　　刷:湖北新华印务有限公司
开　　本:880mm×1230mm　1/32
印　　张:9.875
字　　数:229千字
版　　次:2017年12月第1版第1次印刷
定　　价:49.80元

本书若有印装质量问题,请向出版社营销中心调换
全国免费服务热线:400-6679-118　竭诚为您服务
版权所有　侵权必究

本书所获赞誉
Praise for "Innovate Products Faster"

"所有志在将技术产品推向市场的公司管理者都应该阅读此书。书中所述工具实用且必要,可以大大缩短产品的上市时间,能显著提高投资回报率。"

——Ken Cucarola(Teachscape,首席财务官)

"我们都害怕过去的问题重复出现。针对这一点,《产品管理提速攻略》展示了利用实用、清晰的工具大幅改进产品开发流程的方法。"

——Bharat Desai（ShalShiv Associates，Bay Area 负责人）

"此书介绍的图形工具，可以将领导者和团队从盯着数据、闷头苦想的困境中解放出来，走上一条直击新产品计划核心、更快作出英明决策、更全面创新的康庄大道。"

——Scott Elliott（顾问&惠普前实验室经理）

"俗话说：一图抵千言。在我看来，《产品管理提速攻略》一书价值千图、千千言。此书不但对产品开发流程有详细解释，还提供了有利于快速创新的各式工具。现在，你只需要上手做就好了！"

——Jeffrey Harkness（Hark Digital 总裁&Diesel Design 创始人）

"往常，创新者需要在冗长的学术理论著作中费时寻找，才能找出真正需要的关键工具。而此书直接以简单直观的实用工具集合为切入点，使读者省时省力，立即使用吧！"

——Wayne Mackey（Product Development Consulting 公司，负责人）

"所有人都想加速创新，此书正是指南，提供强有力的工具，指导时间紧迫的管理者们如何创新并保持领先优势。对那些一向关注如何在迅速变化的环境中创造及捕捉价值的人来说，阅读此书大有益处。"

——Tammy Madsen 博士（圣塔克拉拉大学商学院，战略学教授）

"每个公司都想更快地创新产品。此书展示了如何使其成为现实。"

——Duncan McNamara（Omnicell 公司，高级项目经理）

"我已经在充满挑战性的尖端技术产品开发行业里待了 35 年，只后悔没能早些读到此书！书里那些直观实用的工具，可是由现实工作生活中的智慧提炼而成的啊！"

——Ken Reindel（美国国家仪器公司，测量技术总监）

题献
Dedication

本书献给：那些激励我们不断努力、勇攀高峰的人；引领我成长、帮助我取得成就的各位导师（Amar Bose 博士、Sherwin Greenblatt、Tom Froeschle、Joe Veranth、波士顿咨询公司的 Tom Hout、DBL 的 Cynthia Ringo、Tymphany 的 Tom Jacoby、Cirrus Logic 的 Mike Hackworth）。

也将本书献给我们的客户，他们挑战并促使我们不断思考，让我们把理论转化为实践。

最后献给一直理解我的挚爱伴侣——Edie Goldberg 博士。

——John Carter

本书献给：职业生涯里曾慷慨给予我知识、指导及支持的卓越的领导者及导师们（Kerry O'Rourke、David Turner、Andy Felong、Dennis Stevenson），以及我的母亲 Adelaide Hooper，您永远激励着我。

——Jeanne Bradford

致谢
Acknowledgments

感谢本书出版方对我们的大力协助及支持：

排版布局精准快速的 Garry Dimapilis。

封面及版式设计 Jeffrey Harkness。

历经各版草稿的出色编辑 Ashraf Khamis。

优秀的出版导师及教练、"42规则"系列创始人及编辑 Laura Lowell。

技巧娴熟而体贴的插画师 Fagaras Codrut Sebastian。

感谢参与本书部分章节内容写作的：

Product Development Consulting 管理合伙人 Sheila Mello——让作者受益匪浅的前合伙人，贡献了本书产品雷达图章节的内容。

Product Development Consulting 负责人 Wayne Mackey——出色的顾问、度量大师，贡献了本书进度估计模型章节的内容。

TechZecs 创始人 Scott Elliott——洞察力丰富、幽默的前同事，贡献了本书关于利用思维导图进行风险管理的内容。

TSG 联合创始人 Barbara Shannon——变革管理、组织变革领域的大师，贡献了本书关于变革沟通的内容。

Pleasanton 的 Stan DeMarta——在 Web 2.0 和嵌入式软件设计方面经验丰富的多才多艺经理、顾问，其智慧和驱动力令人尊重。

PIEmatrix 的创始人 Paul Dandurand——提出可视化计划管理的观点，贡献了本书工具组合章节的内容。

目录
Table of Contents

前　言 1
　　产品管理提速 3
　　高效率的产品开发团队 7
　　五大核心要素框架模型 10

虚构的企业设置 13
本书时间轴 15

第 1 章　战略 17

定义 17
预测未来科技发展趋势 21
厘清产品研发方向 26
合理权衡产品 31
实现平台价值最大化 37
更快、更好地实现创新 43
新业务部门的融资模型 51
善用全球劳动力 55
充分利用社交网络 62

第 2 章　管理 67

定义 67
全面概述主要风险 70
预测及降低风险 75
指标快速预警 81
让团队拥有良好开端 87
加速创新产品定义 92

多项目组合一览 98
避免职能分配遗漏 103
设置项目边界条件 107
使项目快速回到正轨 111
以用户视角定义漏洞优先级 117

第 3 章 执行 123
定义 123
通过团队协作缩短项目周期 126
快速预估项目进度 133
准确预估项目进度 138
进度风险早期预警 144
实时跟踪项目进程 149
管理交付速度 154
职能内工作量优化 157
使用网络社区了解用户体验 162

第 4 章 组织 169
定义 169
明晰各项权责 173
确保项目团队拥有正确的人员配置 178

跨职能工作量优化 184
消除政治路障 190
理解变革后果 195
应用社群进行产品创新 200
改善社群，促进社会创新 207

第 5 章　流程 215

定义 215
衡量计划外事件的影响 218
厘清各部门职责 223
快速制定集体决策 228
更快更好地决策 233
找出问题背后的根源 238
合理利用定性数据 244
预测改进速度 250

第 6 章　敏捷合作伙伴管理白皮书 257

引言 257
合作伙伴管理的生命周期 259
合作伙伴资格审查及绩效评估 266
敏捷合作伙伴管理和协作 269

敏捷合作伙伴协议及总结 274
附录 A 277
　　解决焦点共同问题的工具组合 277
　　论产品及时上市的重要性 284
　　可供下载的在线工具 288
关于作者 289
合作伙伴 291
参考文献 295

前　言
Introduction

传统的产品开发的观点认为,创新与推出产品的速度之间,企业只能选择其一。但这仅仅是一种观点,并非不容置疑的真理。这种论调对产品开发管理的看法过于片面,"二者只能选其一"只是试图维持长期存在的旧有观点的借口而已。

本书所述经验来自于我们与世界上最大技术企业的合作。我们在产品开发领域工作超过 25 年,观察到一种严重的浪费现象，非常令人不安——大多数企业在产品的开发过程中重复犯着同样的错误。有些企业制订的新产品开发计划超出预算、落后于市场，甚至缺少应有的功能；有些企业迫切需要创新却不知如何下手。这些错误不会很快消失，但我们可以尽量降低其出现频率，减弱它们带来的影响。本书为管理人员提供实践工具和方法，以帮助他们作出更好的决策。

管理人员常常被海量的信息淹没，但他们仍然希望了解关于新产品开发的成功案例、工具和方法。我们把这些内容印刷成书，以方便读者阅读和快速理解。现代人一旦遇到疑问，便习惯在互联网上搜寻即时答案，而不会花费大量时间仔细翻阅一叠厚厚的书页。本书的内容正是按照这样的习惯而组织的，采用短小章节的设计——读者不需要阅读完整本书，只需快速找到能够解决问题的工具和方法所在的章节——这样一来，读者既能够简明直接地获得所需信息，疑问又能够得到即时解答，本书的价值也体现出来了。

过去 5 年中，虽然现代产品开发出现了一些新鲜的形式，但直到目前，市面上还缺乏介绍此类成功实践案例的材料。管理人员求知若渴，希望掌握与时俱进的方法，以解决手头的问题。他们愿意尝试新的工具和方法，但可惜的是，大多数人却接触不到这些工具和方法，更别提如何应用及解决实际问题了。

创新和推出产品的速度，两者可以兼得。为了做到这一点，管理人员需要掌握一些工具和方法。这里所说的，并不是指烦琐的流程或大型技术设备等，而是那些可以被管理人员迅速理解、执行并实现的工具和方法。这些工具和方法简单有效，可以应用于不同的行业和领域,也适合不同发展阶段的企业——无论是刚起步的创业公司,还是财富 100 强大型企业。已经有 50 多家企业在实践中应用过它们,效果非常好。

产品管理提速

有些人认为,产品管理提速的过程是有害的,会阻碍企业的创新;有些人认为,产品管理提速可以包治百病,简直是企业的救星。这两种人之间,一直存在争论。那么,真相是什么呢?上述两种极端看法应该合二为一,但这并不是妥协、中庸的意思。我们看到,苹果、谷歌等许多企业,既注重产品管理过程的纪律,又鼓励创新,它们被公认为美国最具有创新性的企业。因此,现实中的确存在着这样的情形:一个具有高度创新性的企业,同时具有可重复的产品开发流程——此二者能够而且确实并存。本节介绍的产品创新流程(见图 0-1)用于描述产品开发流程中的关键里程碑,它是比瀑布方法或敏捷方法之类的具体工程方法更抽象的方法论。

图 0-1　产品创新流程

产品创新流程的优势在于，整个产品生产周期只有三道检查关口，反映出管理层与核心开发团队之间的三次签入（check-in）。这三次交互可以视为管理层与核心开发团队之间的信息更新，使双方保持在最重要的产品定位、项目属性等方面的信息同步。这是一种校准，而不是检查或把关。对于核心开发团队来说，他们更喜欢与管理层平等地沟通，而不是被批判性地、阶级式地、充满压力地审查。

图 0-1 展现的产品创新流程，时间轴由左至右，三角形标明了核心开发团队与管理层之间的关键交互点。三角形的位置标明了每次签入发生的大致时间。你可以在概念签入时指定三个边界条件，在产品签入时进一步细化它们。只要项目保持在边界条件所限定的范围内，直至产品发布之前都不需要再做其他签入。发布签入（接近于项目发布）用于确保产品至少满足需求（当然，超出期望就更好了），因为此时所有的测试数据能足够支持管理层作出的发布决策。

签入，而非审查

产品创新流程在整个过程中有三次签入。如果开发团队认为项目有可能偏离目标，则还有一次检查的机会。第一次签入是概念签入，管理层会根据当前的战略重点调整项目计划，并概述其主要目标。第二次签入是产品签入，用以进一步完善概念，给出粗略的时间表，并完成较高层次的设计，以展示项目的可行性。产品签入常常发生于开发团队正式开发产品之前。第三次签入是发布签入，此时管理层评估并发布项目——这是最后一次签入，不能倒回去从头再来。这次签入的重点评估领域包括客户支持能力、产品质量、产品性能等。

而真正使产品管理提速的过程支持创新的,是当项目超出其边界条件时触发的一次检查的机会。这次额外的越界检查出现在开发团队认为项目偏离了主要计划目标的时候。开发团队在整个产品生产周期中拥有巨大的创新度,管理层极少插手,也省去了耗时费力的审查。因为通过帮助管理层和开发团队在项目的重点领域达成一致意见,以及授权开发团队一定的自主权,就已经成功建立了一个具有创造性的环境,同时可以避免充满压力的监管与干涉。

精简流程源于信任

管理层可以给产品开发团队多一些信任,允许他们拥有一定程度的项目自主权。这像是一种新式的委托,开发团队能够获得真正的授权。许多企业都曾经或者正在受累于官僚主义式的令人窒息的流程,他们努力挣扎,而后(比较成熟的企业)精简了复杂的流程。他们一边朝着更精简的流程迈进,一边仍然遵循着快速发展的信条,如保持团队间少量互动、坚持运用核心团队理念、开展团队会议以评估跨职能风险,等等。

产品创新流程也可以促进管理层和开发团队就可能出现的问题展开快速的沟通交流。采用越界检查的办法,团队可以无压力地应对项目超出边界条件的状况,企业也能够作出最优的决策。

产品创新流程的优势包含以下几方面。

(1)通过授权开发团队,鼓励创新。

（2）给予开发团队足够的信任，提升其工作动力。

（3）授予开发团队以决策权，提高产品开发速度。

（4）保证开发团队专注于核心价值。

（5）具有可重复的轻量级流程。

通过创新实现发展

现今企业最重视的就是新产品的创新。企业对此的关注，超越了以往对寻求地域扩张、国内销售额增长、消减库存等问题的关注。采购已经转至低成本区域，采购成本也已经急剧下降，即使再进一步优化供应链，也不会增加多少利润。剩下的利润增长点已经为数不多，其中之一就是产品创新和服务创新。产品创新和服务创新不仅带来了新的产品类别，可以增加收入，而且由于产品差异化，可以增加利润率。

产品创新流程提供了快速、轻量级输出产品的方法。另外，由于大多数交互发生在前端，因此更容易使产品满足用户的需求，毕竟与大多数开发工程师相比，业务人员更接近客户。

其他注意事项

产品创新流程并不是万能的，它对管理层和开发团队都提出了更高的要求。管理层不能过于干涉开发团队，否则会破坏产品创新流程；同时，开发团队的项目经理现在有了更多的权力，要更明智地使用它。产品创新流程的创新之处，除了比旧的产品开发流程签入次数更少外，最大的变化是越界检查。项目经理必须判断时机，在适当的时候安排越界检查，否则只不过是徒增一场无效的充满指责的会议而已。

不仅项目经理要具有更高的管理技巧，团队其他成员的职责也不轻。项目核心开发团队中的每个成员，除了具备自己领域的专业知识外，还应该具有更强的协作能力。团队如果缺少这种能力，当项目进行到关键点时，将面临分崩离析的风险。

高效率的产品开发团队

我们在实践中发现，世界一流的技术企业都有一支高效率的产品开发团队，他们对提升企业的竞争优势贡献良多。然而，大多数企业却低估或忽视了他们带来的优势和机会。关于效率低下、运转不良的开发团队如何莽撞地延误产品发布时间，已经有很多案例。不够高效的开发团队可能会带来各种机会成本的损失，包括产品质量下降、生产成本上升、客户支持成本上升等硬成本，以及产品口碑不佳、缺乏创新、团队疲劳、士气低落等软成本。

下面将逐一讨论打造高效率产品开发团队的四个步骤，以使之成为企业基因的一部分，帮助企业实现快速创新，提高产品竞争实力。

清晰定义角色和职责

定义产品开发团队的角色和职责虽然看似是一项简单的任务，且有些人认为它不太有用，还显得有些官僚主义。但其实，对产品开发团队的项目交付成果、相依关系定义不明，会导致产品开发周期延长。随着企业规模的扩大、地域的扩张，高效率产品开发团队的关键特征之一就在于清晰、准确地定义角色和职责。规定好"谁在什么时候做什么",就可以使团队成员更好地集中精力工作,这对创新及产品投放市场都有好处。本书第 2 章介绍了团队在各个开发阶段应该交付的项目成果,并提供了图形化的定义工具,以方便管理者制订项目计划。也可以考虑为每个项目创建团队轮盘(详见第 4 章),以在项目层面上准确定位。

建立核心团队

建立核心团队是优化产品团队绩效、确保整个团队有效运作的最优方法。当开发团队成员较多且所处地理位置分散时,建立核心团队尤为重要。核心团队一般由 4~6 名职能主管组成,他们负责产品管理、项目管理、技术开发、设计、制造、质量保障等工作。他们负责完成各自领域的目标,共同承担完成项目的责任,而最终的责任由一位总负责人承担。核心团队成员定期会面,能够有效地集中处理跨部门的管理问题;核心团队同时强调卓越的领导力,团队成员负责与各自的团队沟通,确保团队的有效运作。

高度授权核心团队

管理层在给予产品开发团队充分的项目决策权上常常太过犹豫,而产品开发团队也不愿意承担责任。但是,在世界级的企业里,却存在着高度授权产品开发团队的一致趋势。如果企业引入开发团队问责制,并授予开发团队进行日常决策的权力以支持项目总体目标,那么企业将会在项目创新能力、缩短项目周期方面获得可观收益。我们不否认专制适用于某些情况,但如果专制成为常态,那么随着时间的推移,团队的责任心、工作动力就会下降，项目进度也会延误。

除了清晰定义产品开发团队的角色和职责，企业还可以应用产品创新流程、越界检查等工具来管理团队。从另一个角度来讲，赋予项目开发团队更大的责任，也是一种战略投资，可以吸引优秀的人才加入。高效率产品开发团队是由高绩效工作表现的成员组成的，他们无论是从个人能力来说，还是作为团队的一分子，都是优秀人才。推行项目开发团队问责制，不但能够刺激团队的高效运转，还可以帮助企业在短时间内招揽所需人才。

建立协作互信的企业文化

只有在协作互信的工作环境中，项目开发团队才能高效运转。如果环境不佳，团队成员的注意力将会从团队共同利益转移到自身生存上。对企业的真正考验，出现在其遭遇不良状况之时，例如，当计划出了差错或由于质量问题不得不叫停生产时，企业接下来会发生什么状况？当产品成本过高、无法完成利润率目标的时候，企业该如何应对？高效率产品开发团队能够传达并接受坏消息，自由且民主地提出解决问题的意见，既无需数据造假，也无须粉饰太平。他们之所以被称为高效率产品开发团队，是因为他们在充满协作及团队精神的环境中工作，直面挑战；他们专注于如何解决问题，而不是逃避责任或怪罪他人。相比那些在不信任、相互指责的环境中工作的人，他们能更快、更好地解决问题，同时为企业带来竞争优势，因为他们同时被赋予了权力和信任。

究其根本，企业快速创新、交付产品、投放市场能力的高低与团队效率息息相关，而鞭策团队成员取得更优绩效的最好方式莫过于组建高效率的产品开发团队。

五大核心要素框架模型

企业如何能在创新和速度两方面皆获成功？通过对世界一流技术企业的研究，我们提出了五大核心要素框架模型。这五个致力于产品管理提速的核心要素由上至下是：

（1）战略：提供可支持企业目标的远见和具有可操作性的计划。

（2）管理：支持战略的一系列措施。

（3）执行：遵循时间进度表和预算的精准操作运营。

（4）组织：提供能力和结构，以支持战略、管理和执行。

（5）流程：描述企业支持战略、管理和执行的方法。

大多数企业在上述每一个要素的领域具有不同的能力水平。然而，为了获得创新和速度的双重成功，这些企业应该先考虑提高模型顶部要素领域的能力，以达到事半功倍的效果。

此框架模型的上三层分别是战略、管理和执行，合起来组成"从战略到产品的周期"。这是最重要的业务循环周期之一，重要性也许仅次于从订单到现金的循环周期。企业必须对其进行优化，才能有效地进行竞争——重点关注此周期中的创新以及支持创新的文化，并分享企业创新的成果。如果企业仅专注于上述框架模型中较低层次的要素（组织和流程），那么企业将只能获得边缘的成果。因为组织和流程要素是支持性的，为的是确保"从战略到产品的周期"尽可能优化、产品开发速度尽可能提升。亚马逊、苹果、谷歌、软营（Salesforce）等企业都是在"从战略到产品的周期"的优化方面出类拔萃的企业。显然，这些企业遵从了适合新产品开发的有效战略，并且执行得很到位。

五大核心要素框架模型的第四层要素是组织。企业产品开发进程的成功从根本上来说依赖于人。管理最重要的目标之一，便是建立世界一流的组织。那些能成功确保在正确的时机拥有正确的资源，以支持新兴技术和核心方案的企业，将获得市场竞争优势，而那些做不到的企业则会落伍。

最后，我们再强调五大核心要素框架模型的最底层，即流程的重要性。优化流程可确保组织功能最大化，以及成功执行战略。要将战略成功转换成产品，必须有有效的流程，以确保收集合适妥当的需求、组建正确的团队，以及在发布前修正产品缺陷。流程能够支持企业实现其目标，但许多企业恰恰缺乏对这一点的理解。而且，企业常常对流程的实施不明，所以：要么流程过多，造成负担，拖慢团队开发速度；要么流程太少，导致团队重复犯错，妨碍项目进展。企业应该使用"恰到好处"的流程，并优化其实施，以更好地支持业务。

如何使用本书

本书旨在帮助企业打破"创新和速度只能选其一"的想法，所提供给管理层及开发团队的各种成功实践工具，有助于同时实现创新和速度两个目标。本书非常实用，是工具和方法的集合,并在每节配以直观的图形化显示,可帮助团队推进创新。后面的五个章节,分别对应着上述框架模型的五大核心要素组织内容,并针对各要素提供了成功实践案例。

建议读者在阅读本书之前先看看附录部分的内容。在附录部分,我们推荐了一系列针对常见问题的解决方案。例如,针对缺乏预见性的企业,提供有一份与提高预见性相关的成功实践案例材料的建议清单。我们也谈到如何界定产品、管理变革、最大限度地降低风险、组建有效的开发团队、实施社会化媒体解决方案以及其他问题。

本书的每一章中都有"案例分析"内容,描述单一、独立的成功实践案例。以这种方式组织内容,旨在方便读者直接选择所需的工具,而无须耗时从头至尾阅读整本书。每一节(每一种工具方法)分为三个部分讲述:①工具简述,描述其好处;②工具的直观图示;③工具应用的案例分析。

我们虚构的三家企业贯穿本书始终,以展示工具在不同规模、不同复杂程度的企业中的广泛应用。这三家虚构的企业包括一家小型能源监测企业、一家中等规模的消费类互联网企业和一家大型的网络解决方案制造企业。本书提供的绝大部分成功实践案例,都可以应用于硬件、软件、云计算、设备、服务开发等各种领域。

本书共有 40 个成功实践案例,来源于我们自身、客户、其他咨询顾问、从事理论研究的同事等的工作经验以及文献书籍中。所提供的工具都已经付诸实践检验。同时,我们也尽可能地提供了相关的参考信息。

虚构的企业设置

我们虚构设置了三家状况迥异的企业,提供了应用实践工具的广泛情境,以方便读者清楚看到各种规模、各个阶段的企业如何应用所述工具,以及将获得什么样的结果。虽然这三家企业和工具应用结果都是虚构的,但它们代表着非常现实的环境。它们是:从事清洁技术的起步型企业——CleanCo,处于快速增长期、已经实现盈利的消费类互联网企业——WebCo,以及规模庞大、增长缓慢的网络型企业——NetCo。所述纯属虚构,如与现实中的企业状况有任何雷同,纯属巧合。

CleanCo 企业

CleanCo 是一家清洁技术领域内刚起步的企业,提供能源监测的服务软件,旨在为客户最大限度地降低其能源成本。这家企业位于美国得克萨斯州奥斯汀,由其创始人投资,拥有约 20 名员工。他们的客户包括一些财富 500 强大型企业。

目前,这家企业正准备推出第一款产品。因此,控制预算及掌握将产品推向市场的时机尤为重要。这家企业虽然只有有限的流程管理和简陋的工具,但使用敏捷开发方法、灵活调整、多次迭代来弥补上述劣势。这家企业试图制定日程规划,以便顺利于四个月后的展会上发布产品。

该项目团队成员包括:对产品富有远见的首席执行官 Wendy,首席技术官、企业联合创始人 Peter,以及多才多艺的营销经理 Bill。

WebCo 企业

WebCo 是一家利润相对可观、敏捷、增长迅速的 Web 2.0 企业。这家消费类互联网企业提供订阅服务，帮助消费者管理其财务状况。企业拥有 200 名员工，已经获得第三轮（C 轮）风险投资。然而，此类业务市场已经盘踞着在规模和经验上更胜一筹的竞争对手，因此，WebCo 企业必须努力抢占市场份额才能立足。

目前，WebCo 企业正处于从单一产品到系列产品过渡的转型阶段。因其支持性的配套基础设施跟不上企业规模扩大的速度，所以需要引进可升级扩展的流程和新的决策方法。WebCo 企业还需要在整个企业内部共享数据和报告，并管理相距遥远的硅谷、三角研究园和越南三个分部的不断增长的员工。

该项目团队成员包括：新上任的首席执行官、高度关注执行层面的职业经理人 Rajiv，从事消费类互联网业务良久的首席运营官 Ray，拥有 25 年软件开发丰富经验的首席技术官、分管工程技术的副总裁 Fred，项目经理 Brian，以及产品经理 Molly。

NetCo 企业

NetCo 企业在网络设备空间领域占据的市场份额最多，拥有超过 50000 名员工。企业位于三角研究园地区。NetCo 企业雄踞全球电信市场，客户遍布财富 100 强企业、军队和政府。NetCo 企业已经经历了快速增长期，目前增长速度正在放缓。

NetCo 企业有精明复杂、久经磨砺的开发流程，将清楚详细的管理审批和大量流程相结合，以确保生产出非常可靠的网络设备产品。NetCo 企业目前正在对其旧的产品开发流程查漏补缺，而此项改造更新任务需要实行文化变革、项目管理，还需要新技术来支持团队创建一个共同商讨的便捷环境，而且将影响到 10000 多名工程师。该企业人员、业务皆散布全球，旧的矩阵式管理系统又早已就位，使得这项更新开发流程的任务更为困难。

负责更新开发流程的项目团队成员包括：较之战略更重视战术层面的人力资源问题的分管人事的副总裁 Betty，技术强大、善于同时处理多个项目、不擅人际交往的技术部门主管 Chuck，正在推进此项目具体业务的两位——分管工程技术的执行副总裁 Bill 和项目管理办公室负责人（PMO）Richard，以及可为项目提供有关流程的深层次经验的资深质量组织成员 Ron。

本书时间轴

图 0-2 所示的是一张视觉化的图，直观地标明了应用本书提供的 40 种实践工具的时机，也方便读者快速定位开发阶段某个时间点所需工具所在的章节。

类别	工具	概念	设计	开发	测试
战略	技术规划蓝图	●			
战略	产品规划蓝图	●			
战略	产品雷达图	●			
战略	平台衍生图	●			
战略	综合创新导图	●	●		
战略	对比融资模型	●	●		●
战略	外包导图	●	●	●	●
战略	社群模型	●	●	●	●
管理	风险思维导图	●	●	●	●
管理	风险管理模型	●	●	●	●
管理	预测指标树	●	●		
管理	九步行动计划	●	●		
管理	需求管理模型	●	●	●	
管理	多项目饼状模型导图	●	●	●	●
管理	职能阶段模型	●	●	●	●
管理	边界条件图		●	●	
管理	越界检查		●	●	●
管理	漏洞管理模型			●	●
执行	团队PERT（计划评审技术）图	●	●	●	●
执行	简略版进度估计模型		●	●	
执行	精确版进度估计模型		●	●	
执行	进度预测准确性图		●	●	●
执行	任务燃尽图			●	●
执行	交付命中率走势图			●	●
执行	项目效率图	●	●	●	●
执行	社区产品需求图	●	●	●	●
组织	圆圈点图	●	●	●	●
组织	项目团队轮盘	●	●	●	●
组织	人员比例模型	●	●	●	●
组织	态度影响图	●	●		
组织	变革影响模型	●	●	●	●
组织	社会创新准备度记分卡	●	●	●	●
组织	社会创新成熟度记分卡	●	●	●	●
流程	事件时间轴生成图	●	●	●	●
流程	四区域导图	●	●	●	●
流程	点投票图	●	●	●	●
流程	项目决策路径图	●	●	●	●
流程	根本原因图	●	●	●	●
流程	亲和图	●	●	●	●
流程	半衰期图	●	●	●	●

图 0-2　40 种工具的应用时机

附录部分提供了组合工具集，针对最常见的问题提出了建设性解决方案。这些最常见的问题包括但不仅限于：缺乏预见性、产品定义差、职责角色不明确、项目管理不善等。

第 1 章
战 略
Strategy

定义

战略有多种定义。本书把**战略**定义为"一种管理艺术,包括确定目标,以及发展并执行计划来达成目标的各种方法"[1]。产品战略在帮助企业完成既定目标的过程中发挥了什么重要作

---

[1] 根据《韦氏词典》第 10 版关于"strategy"的解释翻译得到。

用？这是尤其需要关注的。产品战略作为企业总体战略中的重要子战略之一，包含了财务、并购、运营、行销等重要因素。

成功的产品战略可以构建起一个框架结构，帮助企业制订计划并加以执行，最终达成既定目标。产品战略需要包括以下关键组成部分：①产品规划蓝图；②产品出货流程；③衡量产品交付以及项目是否成功的标准。管理团队需要综合考虑内部要素（企业竞争力、现有产品线、基础设施和商业模式）和外部要素（市场竞争、市场环境、客户、知识产权、相关法规和地理位置）两方面要素，以确保制定行之有效的产品战略。

产品战略的关键组成部分是产品规划蓝图，即对产品研发进行中长期规划，同时体现产品规格与产品平台之间的关系，以及对产品的市场预期等。

产品战略的第二部分（产品出货流程）着重解决离岸设施建立、合作伙伴、合同转包等问题。这些要素由企业自身能力及供应链决定。以战略的眼光考量产品规划及出货流程，对企业发展而言意义非凡，如同定义产品本身一样重要。

最后，产品战略应该涵盖既定目标和衡量产品研发是否成功的标准，如提高用户满意度、增加新产品的市场份额等。例如，企业拿出 10%的研发预算用于"最新最潮产品"（使用最前沿技术、占据最前沿市场的产品）的研发，在这种情况下，衡量产品研发是否成功的标准就必须考虑企业的风险状况，在实现突破和保证产品研发之间取得平衡。

本章重要性

在鼓励创新、缩短产品上市时间的过程中,战略扮演了什么样的角色?一来,战略定义了企业的风险承受能力;二来,战略定义了产品的开发速度。企业可以在设定了风险承受能力之后,为那些大胆的创意提供资金支持,从而达到创新的最终目的。因此,在规划产品蓝图、制定资金支持目标时,应该把风险承受能力考虑其中,例如,可以思考在更大的市场营销背景下,如何研发新一代平台、开发衍生产品和提高产量等。通常情况下,对创新的资金支持是以牺牲某些风险小、回报低的项目为代价的。

产品战略同时定义了创新、产品上市时间和客户满意度(质量)之间的关系。所有企业都想在这三个领域独占鳌头,而事实上这几乎是不可能的。尽管如此,企业仍可努力在创新和产品上市时间方面做到极致。而本书正好提供了相关的工具和方法。在《与时间竞争》[2]一书中,作者 Stalk 和 Hout 用大量实例论证了产品上市时间的重要性及其在占领市场份额中所起的决定性作用。创新和产品上市时间,到底哪一个更重要?这是战略应该指明的问题。团队在此基础上,才能更好地进行权衡和取舍。这个问题看似简单,却是企业管理过程中面临的最艰难的挑战之一。

最后要说明的是,产品战略无须复杂烦琐,但必须提供一

---

[2] 出自《与时间竞争》一书,作者 George Stalk Jr. 和 Thomas M. Hout,自由出版社 1990 年出版。

种全新的视角,保证产品面市后会让客户眼前一亮。例如,我们曾经合作过的一家企业,所提出的产品战略就极为简洁——以芥子之躯,纳大千世界。

应用实例

本章不仅会解释战略是什么,还会说明战略是如何发挥作用的。产品规划蓝图、产品雷达图、平台衍生图、综合创新导图等小节将会解释如何制定明晰的产品战略,以及如何更好地加快创新步伐;之后关于资金支持、产品外包、社群的小节则将说明什么是战略思考。

本章小节一览&工具清单

工具清单如表 1-1 所示。

表 1-1　工具清单

节　名	工　具
预测未来科技发展趋势	技术规划蓝图
厘清产品研发方向	产品规划蓝图
合理权衡产品	产品雷达图
实现平台价值最大化	平台衍生图
更快、更好地实现创新	综合创新导图
新业务部门的融资模型	对比融资模型
善用全球劳动力	外包导图
充分利用社交网络	社群模型

预测未来科技发展趋势
技术规划蓝图
Technology Roadmap

工具简述

在构建技术规划蓝图的过程中所进行的讨论和思考,其实比蓝图本身更重要。该蓝图与一般的产品规划蓝图有着本质的不同。一般产品规划蓝图是从客户的角度出发,对产品的发展进行规划;而该蓝图却是从研发者的角度出发,对技术发展进行预测。技术规划蓝图可以指明一项具有潜力的技术在何时能够发展成熟,并应用于上市产品中。

你可以创建一张横向条形统计图,引入几组要素来说明技术发展规划。

例如,如果对象是笔记本电脑,那么需要引入的要素应该包括中央处理器、显卡、硬盘、电池管理及机械零部件。你可以对技术的组成部分进行再分解并分组,用条形来代表每部分所需的时间,绘图之后,便可以直观得出大致的交付时间。

想要合理清楚地绘制技术规划蓝图,你需要费时认真决定:哪些关键技术是当前产品需要使用的?哪些技术是若干年后需要使用的?供应商和合作伙伴通常是非常好的关键技术的参照来源,但具体使用哪些技术,必须由你决定。

技术经理有一项非常重要的工作任务,就是寻找可以共同完成技术研发工作的合作伙伴。随着越来越多的竞争优势来源于企业外部,寻找新技术的重要性也就不言而喻了。将企业外部技术和内部能力加以比较、综合,有助于厘清公司内部研发计划（或称为高级研发计划）。

技术规划蓝图的第二个组成部分是产品时间表，同样使用横向条形统计图，显示出每月或每季度的产品推出计划。这张图看起来有点像化学元素周期表，不同的"族"里都绑定有"技术"这一要素。在图中用垂直的线连接上方的产品和下方的技术，就可以推断某种特定产品的上市时间。请注意，技术规划蓝图需要定期更新（一般来说每季度更新一次），因为技术和产品会随着时间的推移发生巨大的变化。

直观图示

图 1-1 是一张技术规划蓝图，直观展示某种消费类电子产品中的技术要素（如图中第一列所示）的影响。图表中间部分用两条内部路径（开发、研究）和一条外部路径（供应商）对各种技术要素进行描绘。图表最右侧则标明了这些技术要素的重要程度，以及对其市场竞争力的预期。

新颖之处

在产品生产中，半导体供应商、海外制造商、互联网应用程序接口等合作伙伴发挥着空前的作用。这是技术经理面临的一个重要发展趋势。该趋势最早出现于个人计算机制造领域，人们意识到个人计算机品牌制造商的地位明显不如有些关键供货商，例如，英特尔和微软更大程度地决定了一台个人计算机的性能，而不是惠普、戴尔等制造生产商[3]。

---

[3] 出自《哈佛商业评论》1991 年刊登的文章《The Computerless Computer Company》，作者 Andrew S. Rappaport 和 Shmuel Halevi，可参考网址：http://hbr.org/1991/07/the-computerless-computer-company/ar/1（本书作者于 2011 年 9 月访问）。

第 1 章 战略 | 23

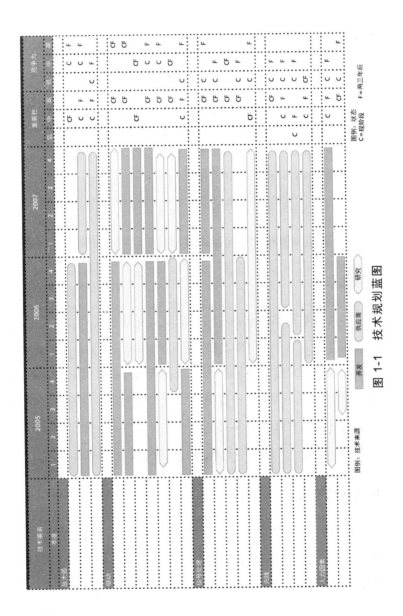

图 1-1 技术规划蓝图

工具优势

工具优势主要包括以下几个方面。

（1）重点标出需要解决的产品的关键缺陷。

（2）帮助确定生产某种商品所需的特定技术。

（3）预见未来，预估所存在的风险。

（4）同时指明可能存在漏洞的方面和大有潜力的方面。

（5）连接管理、工程和市场部门，以提高团队协作能力。

适用情形

技术规划蓝图中集成的技术战略对企业而言极为重要，能保证其在竞争中立于不败之地。所有的行业，甚至包括服务业，都可以通过建立定义良好、能协助提高客户满意度的技术战略来提升竞争力。技术规划蓝图还可以帮助企业避免因某一新组件工期延误而导致的整个项目的延误，因为企业通过其建立的一套监控系统，为各种可能遇见的状况提供了备选方案。

其他注意事项

构建一份清楚完善的技术规划蓝图是一项极其繁杂的工作，并不适合心脏承受能力较差的人。它需要花费大量时间，克服诸多困难，此外还需要准确把握企业核心竞争力和客户需求。而且,这并不是一项可以一次性完成的工作——技术规划蓝图需要定期更新,并且接受管理层每个季度的审查评验。

技术规划蓝图必须与企业管理联系起来,否则它将一无是处。它的真正意义在于影响企业的整体战略。如果可能,最好将技术规划蓝图纳入企业年度发展战略的考虑范围。

案例分析

WebCo 是一家拥有 200 名员工的创业型公司,提供软件订阅服务,正处于从生产单一产品向多种产品的转型阶段。其新产品系列中的一种需要使用平板电脑进行操作,对合作方的依赖是前所未有的,因此,了解合作方和平板电脑行业技术革新状况也就变得尤为重要。为确保新产品在市场竞争中能占有一席之地,首席运营官 Ray 仰仗 Fred 的团队提供一些新技术。工程部门主管 Fred 决定制作一份产品技术规划蓝图,展示产品系列及其使用的核心技术,以向 Ray 解释产品的设计理念。

在拜访几家原始设计制造商(ODM)、参与几场开源会议并参加德国柏林国际消费电子展(IFA)后,Fred 制作了一份技术规划蓝图,补充标明了关键的风险因素,以及一家掌握了多点触控技术的备选合作商。

厘清产品研发方向
产品规划蓝图
Product Roadmap

工具简述

有时候，营销团队使用产品规划蓝图，将客户的关键需求纳入产品研发计划，以便顺利签下订单。有时候，产品管理团队使用产品规划蓝图来向企业高层担保，产品正稳稳处于符合企业愿景的开发计划中，即使工程部门根本没有看过这份蓝图。

在实际中，产品规划蓝图工具的上述两种常见用法，最终的效果都不太理想。为什么？因为它们都背离了该工具的真正意义。产品规划蓝图，旨在用清楚直观的图表表现企业战略，紧密团结工程、市场、销售、技术支持等部门和企业高层，从而实现产品研发的目标；同时，通过标明重要的差异化领域，赋予企业创新灵感；再者，能够激发执行能力，促进产品平台和衍生战略之间的沟通，并表明衍生战略是如何随着时间推移而逐渐展开的。

产品规划蓝图工具是按照时间推移（通常是两个产品周期，或者为 24~36 个月）对一组相关产品所作出的图示，多数情况下以每月为单位时间（但图表上常标示每季度的数据）。其纵轴是战略上最重要的部分，表示的是产品之间如何相互关联，以及如何有效影响企业竞争力。最常用的纵轴是成本，另外也有将速度或其他关键特征参数作为纵轴的情况。

直观图示

产品规划蓝图体现出,产品的功能和价格点是如何随着时间的推移而发生变化的。纵轴通常是成本,而横轴是时间。图 1-2 表示的是时间点以及所涉及的两款软件产品的关系。

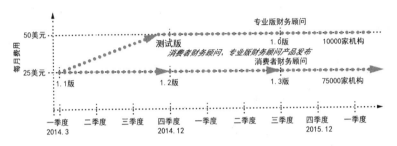

图 1-2 WebCo 财务顾问产品规划蓝图

新颖之处

为了获得成功,需要对共同的愿景详加阐述,这并无甚新鲜。但是,如果想要所有的投资人和股东真正理解愿景,却是不太容易办到的。打造与众不同的产品,能有效增强企业竞争优势——这是一个值得大家重视的新观念。而当产品创新的地位超过分销战略、金融工程等的时候,产品规划蓝图就理所当然成为所有志向远大的企业所需具备的最重要的规划文件。

企业可以利用各种原始资料来生成一份产品计划,这些资料可以提供功能相对集中的解决问题的方法。然而,这些方法并不总是行之有效的,因为它们没有涵盖足够的变量,所以不够完整也不够可靠。一份功能强大的产品规划蓝图必须是多功能的，是通过企业高层审查并批准的重要文档。它仅供企业内部使用，将企业注意力集中在一段时间内要相继研发的产品序列上。

产品规划蓝图是一份动态文档，是与项目有关的各种观点的集合。企业可以将其融入产品研发流程。它需要定期审查，至少每季度更新一次。

工具优势

工具优势主要包括以下几个方面。

（1）更直观清晰地展示产品战略。

（2）激励企业上下支持创新、推动重要参数。

（3）鼓励企业生产平台衍生产品、获取经营优势。

（4）作为预估企业新品上市时间的参考。

（5）是企业决定技术需求、资源配置和产品定位的重要参考。

适用情形

经常有些经理会说他的企业没有战略，或是战略不为多数人熟知。而一份引用频繁的产品规划蓝图可以帮助企业更好地进行战略调整，让更多的员工参与其中，同时便于管理层和营销团队对新产品研发流程进行成本管理。

产品规划蓝图不应该用来排除竞争，但可以积极指明研发过程中的下一步骤，并至少可以在以下两个层面帮助企业实现创新：一来，其纵轴表示出对企业至关重要的成本；二来，它为工程师、研究人员和其他设计人员提供了战略背景，将大家的工作思路及观念导入支持、补充、延伸此规划蓝图所述战略意图的大背景中。

在产品研发全球化的大背景下，产品规划蓝图还可以配合支持企业的国际市场产品发布战略，规划进入不同市场的时间，并对不同国家的监管、标准、语言和本地化等问题进行预期。

其他注意事项

产品规划蓝图必须能够预测市场、供货渠道、竞争环境中的种种变数，才能发挥自身的最大用处。在很多行业里，如果你计划在 12 个月之后推出新产品，就需要提前预测你的竞争对手届时会有什么反应。一份行之有效的产品规划蓝图必须包括 X、Y 轴，标明各种细节、产品发布的准确时间，以及各产品之间的联系，同时还需说明新产品的与众不同之处。否则，蓝图将失去其意义，沦为虚有其表、缺乏内涵的简单图表。

案例分析

WebCo 公司为客户提供先进的财务管理软件。在其首款软件面市获得广泛好评之后，企业希望面向不同市场开发多种用途的产品。目前，WebCo 正在构建其企业战略，旨在同时提供专业版、入门版两种版本的软件，避免给客户留下"产品单一"的不良印象，并计划构建一份产品规划蓝图，以更好地传达企业的理念。同时，公司希望确保团队、技术的到位，以实现未来 5 年内系列产品的成功上市。

　　WebCo 希望扩大自身产品的目标客户群体，在目前仅生产直接面向消费者的产品的基础上，增加面向理财规划师的高端产品生产线。公司独特的销售理念（USP）——方便使用、易于操作，需要涵盖专业和入门两个市场；另一销售理念是连接各大金融机构，方便客户获取电子结单，随时了解收支状况。公司现面临的最大问题，是如何在尽可能使用软件原有核心平台的基础上，向理财规划师提供更多专业功能。公司计划创建产品计划和产品规划蓝图。管理层已经着手对两种产品的销售理念进行思考。所有人都认为应该把重点放在销售定价、用户体验和所连接的金融机构数量上。首席运营官 Ray、首席技术官 Fred、首席执行官 Rajiv 分别参与、批准了决议过程，并最终达成共识。为了加快市场分析和图表绘制的速度，Ray 借来一名产品经理 Molly 作为外援，她具有出色的研究能力，可帮助团队完成竞争力评估、文档创建等方面的工作。

　　为期六周的紧张工作之后，管理团队成功绘制出一份产品规划蓝图，并获得了所有人的肯定。此过程带来了两大好处：其一，明确定义了产品的销售理念，即可实现数据共享的金融机构总数、使用此软件产品的每月所需费用、用户使用界面的简便操作（保持了面向理财规划师的复杂版本产品界面，按用户在网站上完成三项任务所用平均时间测量所得）；其二，产品规划蓝图采纳了全体成员的想法，并得到所有人的支持。

合理权衡产品

产品雷达图
Product Radar Chart
本节作者为Sheila Mello

工具简述

在产品研发流程中,最常遇见的一种现实状况是由于资源(时间、财力和人力)有限,企业不得不在产品组合及单个产品的研发上作出各种让步。由于评估潜在产品时缺乏方法指导,企业常常会作出一些不理性的决定,比如,先做最容易做的产品、先做首席工程师热衷的产品、先做最积极争抢的执行团队的产品,等等。

产品雷达图通过将某一产品或概念的关键指标图形化,并与替代产品或概念进行比较,帮助企业更好地理解及评估各种因素,以便在产品及产品组合研发过程中作出正确决定。一般来说,当研发团队在评估替代概念或展示替代产品、申请管理层批准通过时,就可以使用产品雷达图,图的最中心位置表示 0 分,最外沿部分则表示 10 分,以此将每一种选择按照 0 分至 10 分进行评分。

所谓最重要的参数,永远是产品所能提供给客户的价值。战略价值(产品规划蓝图与企业战略的契合度)和投资力度(用于产品开发和市场营销所需的资源)所起到的作用也非常大,但它们并非全部。每项参数所占权重各不相同,综合起来才能得到最后的总分。这里将介绍 10 项参数,这 10 项参数可以帮助产品脱颖而出;但不同的行业情况略有不同,每家企业需要从实际出发,寻找属于自己的制胜法宝。

在对某一产品进行测评,以及与竞争对手产品比较时使用产品雷达图,可以让整个过程变得更加透明,前后一致。

直观图示

图 1-3 所示的产品雷达图比较了三种潜在产品。此例中,产品性能方面有 8 个参数,各项分别按照 0 分(最低分)至 10 分(最高分)进行评分。一号产品的平均分数最高,那么在解决了其在核心竞争力上与其他两种产品间的差距后,企业应该选择一号产品。

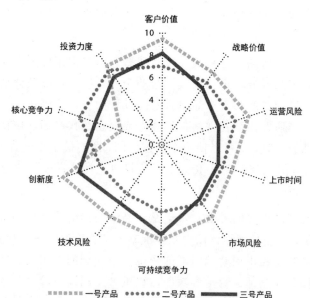

图 1-3 用于权衡比较三种产品的产品雷达图

新颖之处

产品策划设计人员需要在不同的产品中作出选择。产品雷达图强调产品的与众不同，便于产品间的权衡比较，同时使产品满足各种看得见和看不见的需求。我们常说的"创新联赛"就是这一领域的一种最新的理论，最早由 Terwiesch 和 Ulrich[4]提出。创新联赛以及相关的互联网社群往往可以在同一时间生成众多产品概念。这些产品概念往往竞争相同的资源，因而作出正确的选择就显得至关重要。产品雷达图正是以快速、直观、新颖的方式，评估、比较各种产品概念。

工具优势

产品雷达图可以促进企业投资力度、战略价值、客户价值、核心竞争力、创新度、市场风险等各方面的数据信息整合沟通。一旦上述信息通过图展示出来，你就可以：

（1）快速找出企业现行战略与现有生产能力间的不相匹配之处。

（2）依据产品的战略价值和客户价值，合理权衡、决定。

（3）比较分析不同产品如何符合其他要求（如通过与企业核心竞争力保持一致来降低风险）。

（4）在不同产品或某一产品的不同功能之间作出权衡。

---

[4] 出自《下一个大机遇：如何创造和选择最佳机遇》一书，作者 Christian Terwiesch 和 Karl T. Ulrich，哈佛商学院出版社 2009 年 5 月出版。

（5）及时将权衡比较的结果传达企业管理层。

适用情形

企业领导者总是有一大堆想法，却不一定有能力全部实现。从企业层面上来讲，这即是如何在众多潜在产品中权衡取舍，进而投入资金的问题。无论对于企业眼前利益（即所选择的产品是否能获得成功）而言，还是对于企业形象而言，这些权衡取舍都意义重大。企业所选择的产品，最终决定了企业的发展和未来。

在单个产品或项目层面，当对客户需求进行调研、提出要求并探讨可能的解决方案之后，同样会面临权衡取舍的难题。产品最终版本将在许多潜在功能中选择使用哪些功能？你需要作出决定。

产品雷达图可以直观地表示产品组合间权衡、决策所需的各种数据，比评估产品时通常使用的气泡图更灵活，是管理产品组合时沟通、推动讨论、协助权衡比较的理想工具。

其他注意事项

创建产品雷达图时，首先应确保数据正确；如果不能基于正确的数据建图，那么图做得再漂亮都是徒劳的。

使用产品雷达图，需要满足下列先决条件。

（1）企业战略明晰。

（2）有准确定位客户价值的途径。

(3）有一套评估机制，用以评估运营风险、技术风险等。

在使用产品雷达图之前，需要对所处行业有深入了解。这是首要的约束条件。

产品雷达图将"客户价值"放在最核心的位置，因此，使用该工具的重要前提之一就是要具备对客户价值进行评估的手段。理想状况下，评估产品的客户价值应该以事实为基础，依靠对数据进行搜集、分析而得出最终结果，而不应该被客户的意见左右。

另外，还需罗列出所处行业或产品发展过程中面临的所有约束条件，并将它们作为雷达图的辐射线。这其中包括一些常见的约束条件，如可持续竞争力、技术风险、创新度等，也包括一些更为特殊的约束条件，如对生产过程的控制力等。以打印机生产企业为例，如果想要对墨盒进行改进，墨盒生产部门可能需要企业硬件部门的首肯，这就削弱了墨盒生产部门的直接控制力。

最后需要注意的是，产品雷达图不仅可以用于新品研发，也可以用于现有产品的产量提高，以及非产品类商品（如客户服务、技术支持）的改进。

案例分析

NetCo 企业是网络设备产品行业的领头羊。为了保持市场竞争力，NetCo 希望通过投放新品的方式寻求向邻近市场的扩展。负责这一项目的是分管工程技术的执行副总裁 Bill，他将和营销部门一起，找出适合投放的产品。

Bill 组建了一支跨职能创新团队，其中包括了来自研发、技术支持、市场、运营部门的代表，要求他们在进行客户调研后提出针对将投放产品的建议。经过研究和头脑风暴，最后有三种具有潜在能力的高速路由器产品胜出（分别命名为一号产品、二号产品和三号产品）。三种产品在企业各主要约束条件方面评分各有优劣，难以抉择。

团队使用产品雷达图对三种产品进行权衡比较（即图1-3），图中心点代表 0 分，越靠近边沿分数越高。

当把评测结果以图形化形式直观展现出来时，高分数理应对应着更为理想的状态。但是不同参数的评分标准不同，可能会导致评测排名顺序发生变化。因此，举例来说，虽然大家都知道操作风险越低越好，但你需要把最低操作风险定为 10 分，保证其处在图表的最外沿，从而达到产品雷达图一目了然的目的。

在本节示例用图（见图1-3）中，一号产品在客户价值和创新度两方面的得分胜过二号、三号产品，但在核心竞争力方面得分偏低，这表明企业需要将产品研发外包，或者加大投入、引入必要的技术手段。二号产品在核心竞争力方面得分较高，但在客户价值和战略价值方面得分不高。

用产品雷达图对上述三种产品进行权衡比较，团队可以直观清楚地看到每种产品在各方面的优劣，并最终选出最合适的产品。

实现平台价值最大化
平台衍生图
Platform Derivative Chart

工具简述

什么是平台？David Robertson 将平台定义为"一组产品所共同使用的资源的总和[5]"。这些资源可以被分为以下四类。

（1）元件：产品设计的各个部分，包括生产产品所需的模具和工具、电路设计、刻录在程序芯片或是存储在硬盘中的各种程序。

（2）流程：包括用于制造元件或将元件组装成产品所用的设备，以及相关生产流程和供应链的设计。

（3）知识：包括设计知识、技术应用和限制、生产技术、数学模型、测试方法等。

（4）人事：团队，团队成员之间的关系，团队和上级部门的关系，以及和供应商网络的关系。

我们认可上述解释方法及分类方式，但首要的重点应该放在平台的定义，即"一组产品所共同使用的资源的总和"之上。平台衍生图是一种能够体现随着时间推移、相关产品之间关系

---

[5] 出自《平台产品开发》一书，作者 David Robertson，Baan Company 1998年3月出版。

的图表工具。由于其突出强调了各种衍生产品之间的关系，它被视为功能最强大的一种产品规划蓝图。同时，它也是最好用的一种规划蓝图，因为它的横轴、纵轴均有标注，产品能够得到准确映射，并且定位清晰。

平台衍生图与产品规划蓝图有些类似，但在几个重要方面存在不同。企业应该将二者结合使用。

平台衍生图基于将技术或设计方案作为驱动力而绘制，反映那些使用相同元件的不同产品之间的关系；而产品规划蓝图所反映的处于研发阶段的系列产品，可能使用了相同技术，也可能没有。

平台衍生图体现了平台的生命周期，以及各种衍生产品之间的相互关系。它们之间的关系可能会是成本、性能、质量、功能密度等。例如，在电脑制造行业里，平台衍生图可能显示出在15寸笔记本电脑系列产品中，基本型产品是其产品平台，而由于配置的内存大小、硬盘容量、CPU速度和图形处理能力不同，各种衍生产品的价格也各有千秋。制造商可以将所有的产品绘制在同一张图表上，指出系列产品中存在的不同平台，然后比较价格和性能。另外，还可以在图表上加入竞争对手的产品，以便相互比较产品性能。

平台衍生图通常由产品管理部门主管负责绘制，业务部门主管负责核查批准。在业务部门的战略计划、平台衍生图、产品生产线三者之间，应该存在着清晰的界限。平台衍生图的服务对象还应该包括工程、销售、运营、客户服务以及其他相关部门。在很多企业里，它代表着从战略到产品的有形转化。

直观图示

图 1-4 体现的是以半年为时间单位、未来几年的产品计划。纵轴表示订阅此产品每月所需费用（零售价格）。灰色长方块表示平台开发力度，即基于 AJAX 和 HTML5 技术建立了新的平台。图 1-4 说明该企业为了满足小型企业的需求，在第一平台的基础上开发出了第二平台，并添加了资产负债表、折旧、摊销等功能。各衍生产品的标签显示了其关键功能，比如，可用于移动设备的最低版本每月只收取 5 美元，等等。

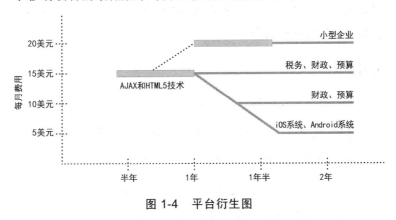

图 1-4　平台衍生图

新颖之处

绘制产品规划蓝图历史已久，但平台衍生图却包含一个新重点——很多企业都使用 ODM（original design manufacturing，原始设计制造）或 JDM（joint design manufacturing，联合设计制造）研发模型，因而供应商可以把产品规划传达给潜在客户。

同时，随着一些以网络为基础的平台蓬勃发展，企业可以凭借这些平台开发出与一些赫赫有名的大企业旗下产品所类似的产品。Facebook 的一系列 API（应用程序接口）是此点最好的例证之一。Zynga 等游戏公司得以利用 Facebook 的社交网络平台，开发出许多复杂的游戏。

在某项发明的商业化过程中，平台思维可以帮助其实现利益最大化，从而达到鼓励创新的目的。当你拥有某项发明并开始将其产品化时，你肯定希望能尽可能实现该发明的最大价值。创新是非常难能可贵的，你应该对其善加应用，尽可能为投资争取到更优的回报收益。

工具优势

工具优势主要包括以下几个方面。

（1）通过开发衍生产品，使创新的经济效益最大化。

（2）实现资源再利用的最大化，缩短产品上市平均用时。

（3）重点关注少数极具价值的设计，调整校准企业走向。

（4）实现平台价值最大化，降低研发成本。

适用情形

平台思维和平台衍生图代表的是一种将创新效益最大化的思维方式。很多时候，平台是一家企业研发多年的成果，并在一次又一次的创新过程中得以完善。平台的最大益处在于它可以将某项发明的投资回报和商业影响最大化。

除了能获得巨大的经济效益之外，平台衍生图对企业内部发展也大有裨益，可以帮助降低工程成本，提高速度和灵活度。若能对平台中所包含的意义显著的设计工作善加利用，企业开发同系列的后续各种产品的工程时间和上市所需时间都会大幅度降低，新产品开发流程也将更为顺利有效。

其他注意事项

构建连贯一致且条理分明的平台战略并不是件容易的事。面临的第一个挑战就是需要一项卓越的新技术，该新技术要足以支撑一整套产品的大量制造与生产。企业经常需要组建高级研发团队，负责开发新一代平台。团队常常借助社交网络，集合企业内外的聪明才智进行创意工作，从而定位及搭建新一代平台。接下来，需要制定一整套工程战略，保证平台可以轻松开发衍生产品。这对企业总工程师、产品设计师来说，都是不小的挑战，他们需要利用新技术开发出基准产品。这种基准产品必须便于随时调整，因此应该定义清楚其一系列的接口，方便随时添加和更换各种不同的支持性元件。

而这个过程是非常需要耐心的。虽然，在平台搭建起来后，生产衍生产品会变得流程化，但要搭建一个生产能力强的平台会耗费很长时间。较之开发工作本身，搭建平台更侧重于研究，因而更难判断其时间进度，所承担的风险也比一般的开发工作更高。我们在此推荐一种制胜策略，即拿出产品开发预算的 10% 用于新平台的搭建，并且，直至最大的风险消除之后，再将平台项目应用于正式开发流程之中。

案例分析

WebCo 是一家利润相对可观且发展迅速的 Web 2.0 企业，灵活度和成长性是其招牌。这家消费类互联网企业向消费者提供订阅服务，帮助他们管理个人财务。企业现有员工 200 名，已经完成第三轮（C 轮）融资。

当前，企业正处于从单一产品向系列产品过渡的转型阶段，正在构建全面的产品规划蓝图。负责规划新产品平台战略的团队包括：新上任的首席执行官、高度关注执行层面的职业经理人 Rajiv，从事消费类互联网业务良久的首席运营官 Ray，以及拥有 25 年软件开发丰富经验的首席技术官、分管工程技术的副总裁 Fred。

Rajiv 要求 Ray 重新审查并明确企业的产品战略，并研发出一些大有发展前途的新技术加以应用。Ray 决定与 Fred 一道，共同构建平台规划，并制作平台衍生图，以便向 Rajiv 以及企业上下汇报沟通。两人用了两周半的时间，构造出了平台概念，并完成了一系列衍生产品的设计工作，如果运营得当，企业在未来两三年内的收益将媲美现阶段此行业内的几家巨头。他们也对在线财务管理领域内最大的两家竞争对手企业进行了分析，以便寻求利用平台创新抢占潜在的市场份额的有效方式。

Rajiv 批准了平台衍生图中总结的产品计划，并传达至企业上下；另外随之补充了 7 名成员加入项目团队，着力于新平台的规划开发，同时将项目预算加倍，力图加快开发速度。

更快、更好地实现创新
综合创新导图
Comprehensive Innovation Map

工具简述

个人和企业创新的方式多种多样：有的不断试错，摸索前行；还有的凭借艰深或生僻的知识来进行创新。近期，研究者们在管理创新、实现更高目标方面，有了重大突破，发现即便在正确的引导下，于小组范围内进行头脑风暴，也不如个人独立思考成果显著[6]。

我们在这里介绍一种对企业大有裨益的"综合创新"流程，这是一套经过研究论证的步骤，可以生成更多、更有创意的想法，使企业获得比其他头脑风暴方法所获更优的结果。这套步骤不但适用面广，从日常小问题的处理，到为期数周的重大挑战，都可使用且效果良好，而且操作简便，仅有三步，分别是：搭建框架、构思和筛选。下面我们将分别阐述每一步骤，并引入实践工具和方法。

第一步是搭建框架。首先，应该设法将问题想得清楚明白。

---

[6] 出自《管理科学》期刊 2007 年文章《Idea Generation and the Quality of the Best Idea》，作者为 Karan Girotra、Christian Terwiesch 和 Karl T. Ulrich。

据说，如果给爱因斯坦 20 天的时间去解决某个问题，他会花前 19 天的时间将问题各方面想透彻，然后仅用最后一天解决它。由此可见"想"的重要性。至于如何"想"才能使问题准确且具体，麦肯锡研究人员出版了《思维引导》[7]一书，其中提到可以从五个方面着手：①客户有哪些问题尚未得到解决？②针对不同的用户和活动，服务、报价等有哪些区别？③有哪些意想不到之处可以获得成功？④想象一下，什么是完美？如何做到完美？⑤通过对旧有规定的重新审查，或者启用新的技术，是否能延展出新的空间？

当你将问题想得清楚明白之后，接下来就是寻找合适人选以解决问题。这一点也很重要。组建团队时，应该以成员能力大小、是否适合问题解决为重，成员职位高低并不重要。再来，便可以将组织策略列入考虑了。

第二步是构思。Terwiesch 和 Ulrich[8]的研究表明，小组头脑风暴的方法存在缺陷。在传统的进行头脑风暴的过程中，常会有一些强势的组员掌控着整个讨论，不允许其他人发表意见。于是，讨论过程中仅有少数人的观点在不停重复，随之不断得

---

[7] 出自《思维引导》一书，作者为 Kevin P. Coyne 和 Shawn T. Coyne，哈珀·柯林斯出版集团 2011 年出版。

[8] 出自《下一个大机遇：如何创造和选择最佳机遇》一书，作者为 Christian Terwiesch 和 Karl T. Ulrich，哈佛商学院出版社 2009 年出版。

到加强,并最终成为"群体决策",实际上阻碍了概念的延伸、思维的碰撞,自然也不便于创意及想法的有效讨论及优化。而如果在小组讨论前,先让每位组员有时间单独思考,哪怕仅是短短的10分钟,也足以改变上述情形,生成更多更好的想法。经过每位组员单独思考之后的小组讨论,观点会更加多样化,个人所陈述的理由也更为充分、深入,这种情形下,小组讨论的过程才是各种观点修正、改进、结合的过程,才有利于得到最佳的结果。

第三步是筛选,即选定理念或想法,并以此制订实施计划。关于这一步,有很多成功的实践工具和方法可以借鉴。例如,本书前文介绍过的产品雷达图,就可以在搭建框架时先具体设定主要评估参数,而后绘制、应用于筛选这一步。另外,也可以利用Brightidea、Spigit等企业提供的构思软件,或者与"创新联赛"相关的一款名为Darwinator[9]的软件帮助筛选。

在企业完成上述三步之后,还必须对最后选定的理念或想法进行资金支持、制定实施计划。这一点至关重要,原因纷纭,其中最显而易见的自然是——只有实践才能将构思转化成创新成果;另外也出于可信度方面的考虑:一旦参与者发现最终选

---

[9] 出自《下一个大机遇:如何创造和选择最佳机遇》一书,作者为Christian Terwiesch和Karl T. Ulrich,哈佛商学院出版社2009年出版。

定的结果并未得到足够重视,那么这种团队协作模式就失去了活力,难以为继。

企业可以两种方式进行资金支持:第一种方式是最常见的,即将最后选定的理念或想法植入产品研发流程,你会很快看到效果,因为团队已经论证过其优势;第二种方式是创建一支独立团队,让他们独立开发此种理念或想法,但这样做仅仅是对其融入企业流程的进度稍作延迟,最终还是得回归第一种方式,将构思转化为商业上的成功。你可以通过隐藏或重新命名的方式保护此种理念或想法,以防止反对派对其大肆攻击——UNIX就是这种方式的产物,最初是作为一种文字处理程序向管理层提交专利申请的[10]。

直观图示

图 1-5 所示的这张综合创新导图,每个格子中包含两类支持要素。纵轴是从抽象到具体的程度,而横轴是时间(通常以一天作为单位,最长可达几周)。括号中的分数表示的是每个步骤的执行情况,按照 1 分至 5 分进行评分。评估得分低于 3 分,比如图中所示的构思这一步骤的得分,则表示该步骤需要修改和改进。

---

[10] 出自美国电气与电子工程师协会期刊《IEEE Spectrum》2011 年 12 月刊登的文章《The Strange Birth and Long Life of UNIX》,作者 Warren Toomey。

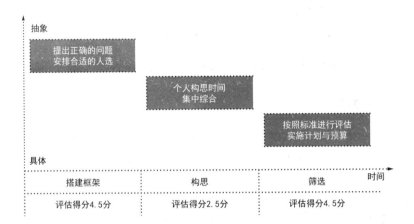

图 1-5　综合创新导图

新颖之处

我们总是被教导要相信集体的力量会引导我们实现创新。小组头脑风暴、团队协作等，都属于集体的力量。但最新的研究结果显示，集体式的流程并不能萌生最好的理念或想法[11]。最好的创新是个人创造力与集体执行相结合的产物。

工具优势

工具优势主要包括以下几个方面。

（1）调整战略，使真正的问题都能得到解决。

---

[11] 出自《纽约时报》2012 年 1 月 13 日观点版文章《The Rise of the New Groupthink》，作者 Susan Cain。

（2）帮助企业解决简单以及复杂的问题。

（3）有的放矢，管理得当，时限性强，可以有效利用资源。

（4）快速筛选出好的理念或想法并加以实施，极大提高效益。

适用情形

综合创新导图同时兼顾了个人独立思考和集体头脑风暴的作用，并可以显著提高团队的士气，帮助企业以更快的速度生成好的理念或想法。

其他注意事项

一般来说，综合创新导图在企业开拓新的商业领域方面很难助力（在此方面并不如重视客户需求、研究创新等途径效果理想），但在解决一些中小型问题时格外有效。其成功与否，主要取决于最高管理层是否对选定结果给予资金支持。为了提高成功概率，应该首先争取得到有能力对预算进行干预的管理层的支持，包括对综合创新导图方法本身的支持，以及借助其选定的理念或想法的结果的支持。

另外，执行此流程的人员（包括领导人员和普通参与人员）的能力素质高低，也是影响其成功与否的重要因素。

案例分析

CleanCo 企业最近遇到一个难题，如果不能妥善解决，企业可能会倒闭。在不久前，工程团队发现他们不能对应用程序接口进行持续访问，这样就无法对主要设施的能源使用情况进行实时监控。整个团队为此绞尽脑汁工作了两周，却仍然徒劳无功。于是，首席执行官 Wendy 和首席技术官 Peter 决定引入综合创新导图（即"综合创新"流程）来解决这一关键问题。Peter 亲自负责此流程实施，并挑选了营销经理 Bill 和一帮工程师组成团队。他们决定组织专门针对此难题的"创新日"会议，并设置了如表 1-2 所示的议程。

表 1-2 "创新日"议程

时间		事项
9:00	10:00	辨明问题所在 确定用以选择最后方案的标准
10:00	11:00	各自思考解决方案（在各自工位上完成）
11:00	12:00	小组讨论
12:00	13:00	午餐
13:00	14:00	对各种方案进行简单排序
14:00	15:00	综合/改进方案
15:00	16:00	在黑板上写下五种最佳方案
16:00	17:00	将方案提交评估团队（首席执行官、首席技术官、营销经理） 将最佳方案缩小至2个之后的步骤

在会议开始之前，Peter 已经看过综合创新导图，并对每一个要素按照 1 分至 5 分进行评分。1 分表示不合格，3 分表示刚好合格，5 分则表示超出要求。制作这张评分表的目的是在问题发生前及早发现。一旦出现低于 3 分的情况，就表明有问题发

生,如表 1-3 所示。

表 1-3 评分表

搭建框架	
·提出正确的问题	4
·安排合适的人选	5
平均分	4.5
构　思	
·个人构思时间	3
·集中综合	2
平均分	2.5
筛　选	
·按照标准进行评估	4
·实施计划与预算	5
平均分	4.5

在对上述要素进行评分后,Peter 决定扩展会议议程,在 2 天后增开一场工作总结会议,用半天的时间回顾、分析那些排名靠前的理念和想法是如何构建及得到加强的。虽然他认为完成回顾工作需要 1 天的时间,但还是把总结会议时间缩短安排为半天,以防止团队成员筋疲力尽。

团队在半天的总结会议上提出了一些非常好的理念和想法。这让首席执行官 Wendy 信心满满,认为团队将顺利攻克这一技术难题,帮助企业渡过难关。

新业务部门的融资模型
对比融资模型
Comparative Funding Models

工具简述

研发预算高于企业平均水平的业务部门称作"汇"——按企业平均水平来以"汇"部门销售所得而配置的研发预算,实际上少于他们的开支。研发预算低于企业平均水平的业务部门称作"源",他们为"汇"部门提供资金支持。将"源"和"汇"加总一起,便得到企业总体的平均值。

对比融资模型是一种图形化工具,用于对创新项目进行资金支持。更具体来说,该工具可以帮助企业从政治上到战略上更为理性地分析,如何对创新项目进行投资。通过对资金水平进行长期观察,可以向各业务部门主管解释其预算为何有多有少,以及将来如何基于模型而非政治因素来合理进行战略分配。

直观图示

图 1-6 所示的条形图表示的是三个业务部门中相关研发经费占销售所得的百分比。纵轴表示百分比,横轴体现年份。在前三年,创新业务部门由其他两个部门重新调配其预算资金来资助。需要注意的是,研发经费一直保持在总销售所得的 10% 不变。

新颖之处

现今,很多企业寻求利用创新或地域扩张来催动利润增长,但却缺少途径投资必要项目以支撑其扩张战略。对比融资模型这种图形化工具，可以提升项目经理的长远眼光，并帮助其解释对新领域进行投资的用意；同时，还可以帮助企业管理层将相关信息传达给各股东，以及其他外部机构。

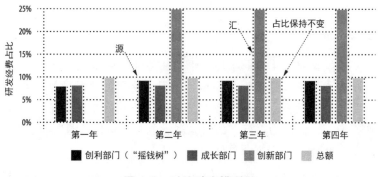

图 1-6　对比融资模型图

工具优势

工具优势主要包括以下几个方面。

（1）将企业战略转化为一种财务模型。

（2）使用该模型将有利于支持企业愿景，减少政治内耗。

（3）有助于建立高效的预算流程。

（4）有助于准确预测企业中的业务部门何时从"汇"变"源"。

适用情形

当前的商业环境中，实现增长是最大的挑战。在成熟的国内市场中，实现增长尤为困难——因为整个市场已经趋于饱和，所以更需要通过创新从竞争对手处抢占市场份额；否则，你就得去开拓一个全新的市场。除了实现增长之外，另外一个挑战是，企业在世界其他市场中的影响力不够。有些企业的业务范围没有延展至欧洲、亚洲市场；有些企业则没能进入"金砖四国（巴西、俄罗斯、印度、中国）"市场。

无论哪种情况，投资额的增长都是一个资源分配的问题。企业必须将资源从现有的生产线转移到新的领域。为了保持利润收益，企业若要在一些领域追加投资，就意味着在另一些领域减少开支。对比融资模型帮助管理层及业务各部门主管在进行资源重新分配时做到心中有数，并预测新领域何时能够自筹资金。

其他注意事项

我们常常会低估创业项目充分运转所必需的投资预算。你应该为新的投资领域制订一份至少为期3年的业务计划。这份计划应顾及保证项目成功的所有投资方向，包括产品研发、市场营销、资本成本，等等。企业管理层需要对这份计划进行评判，并据此制定最初的投资预算；然后决定选择哪些业务部门作为"源"，为新项目提供资金支持。

另外，随着时间的推移，外部环境发生变化，如何及时修正调整计划也是个问题，因为通常来说，项目所需时间都会超过预期。不过，在建立了可追踪查询的档案之后，这个问题会简单很多。

案例分析

NetCo 企业的业务总部有三个不同分部——第一个分部是创利部门，被称为"摇钱树"，为业务总部贡献了约 80%的收益；稍小的一个分部是成长部门，上升势头迅猛；最后一个分部是新成立的创新部门，计划开拓云路由、移动设备等创新产品领域。想要在新领域有所作为，需要不少资金支持。分析显示，第一、第二年各需要 1000 万美元，第三年需要 1500 万美元；而考虑到新产品投放市场需要 1 年左右的时间，因此，第一年的收益为零，第二年的收益保守估计为 500 万美元。但是，创新部门在 4 年内会成为业务总部下的第二大分部，以及涨势最惊人的部门。

NetCo 决定把资源从"源"（创利部门和成长部门）到"汇"（创新部门）进行重新分配。企业计划通过加速流通、精简非重要项目的方式，削减"源"部门预算的 10%。该过程共分为如下四步，按次序执行。

第一步：在商业计划层面，确定"汇"部门所需经费总额。

第二步：结合其他盈利的分部的实际情况，在战略层面确定其能够为"汇"部门提供资金支持的额度。

第三步：按照时间推移整理上述结果，并创建对比融资模型。需要注意的是，收益一般比预期来得晚也来得少，因此在确定创业项目启动资金时，应将预期数字调高。

第四步：与各业务分部主管讨论沟通这一模型，并将此模型融入预算之中，每年对其进行审查。

善用全球劳动力
外包导图
Outsourcing Map

工具简述

虽然你可能已经做过多次外包研发，但仍可能不得其法。如何最好地让高层将权力外包给团队？如何选择外包合作伙伴？这些问题都需要认真考虑。外包导图提供在战略和技术层面上的框架工具，以评估各种选项，帮助选择最合适的外包合作伙伴。

在决定外包后，如何寻求最好的外包方案便成了所面临的挑战。在大型企业里，多种职能的工作都可以外包，比如软件开发、产品测试、工资管理、客户服务等。但不管是大型企业还是小型企业，其外包的决定都是在企业层面作出的。外包导图根据企业具体需求，通过构建模型的方式来选择决定拥有合适技能的最好的外包资源，并可以帮助企业对各个层面的选择进行优化。

外包导图中集成了一组按照战略重要性和技术难度进行组织的问题、评分标准，以及依据结果绘制的网格图。

应用外包导图，首先需要按照评分标准回答下列问题。不同类型的外包工作应该分别使用该工具进行评估，才能找到最好的方案。因为，打比方来说，外包软件研发和外包工资管理所生成的外包导图是不同的。

将下列每个问题按照 1 分至 3 分进行评分。1 分表示从不、低；2 分表示有时、中等；3 分表示是、高。

战略重要性：

- 是否是战略的关键组成部分？
- 是否可在之后的项目中反复使用？
- 是否是产品差异化的重要组成部分？

技术难度：

- 技术上是否使用先进的尖端部件？
- 是否依赖于内部专利或企业关键技术？
- 是否需要申请知识产权，以备将来之需？

根据战略、技术两个层面的得分，分别求得平均值。在以战略层面平均分值为横轴、技术层面平均分值为纵轴而构建的外包导图中，两个平均值交叉所示位置的内容就是建议选择的外包方案。

最后，除了战略、技术两个层面之外，还需要综合考量下列问题，对外包导图所建议的方案进行改进，使你的选择更趋完善。这些问题用于评估导图中所建议的几家特定外包商，按照 1 分至 3 分进行评分，但这次不用求平均值，直接利用这些结果在导图提供的具有竞争力的选择之间作出最终决定。

- 工作量是否巨大？
- 耗时是否较长？
- 研发成本是否较高？
- 各项要求是否具体明确？
- 是否具有区域代表性？
- 是否要求会说英文？

- 是否因为项目内部管理水平差而受到困扰？
- 缩短上市时间是否是关键因素？

直观图示

评分表和外包导图显示出对最佳外包方案的评测过程（分别见表 1-4 和图 1-7）。在战略和技术层面，分别按照 1 分（最低）至 3 分（最高）进行评分，然后求平均值，以此对应外包导图中的各个分栏。图 1-7 中，横向为战略层面平均分值，纵向为技术层面平均分值。

表 1-4　外包问题

战略方面	
·属于企业外围战略，或是核心战略？	1
·仅用一次，或是反复使用？	1
·是否是产品差异化的组成部分？	1
平均分	1
技术方面	
·技术难度高低如何？	2
·对内部专利和关键技术的依赖程度如何？	3
·若申请知识产权失败，将造成何种技术影响？	1
平均分	2
其他因素（完成导图绘制后，对选择进行完善）	
·工作量大小如何？	2
·耗时长短如何？	2
·成本高低如何？	2
·各项要求是否具体明确？	3
·是否具有区域代表性的理由？	1
·对英文的需要程度如何？	3
·项目内部管理能力如何？	3
·要求多快完成？	3

3分：技术难度高	本地资源（硅谷） 前雇员 学术合作伙伴 Craigslist	合作伙伴 专家 合资企业	内部开发
2分：技术难度中等	oDesk Top Coder eLance	国内传统外包 临时服务机构 合作伙伴 专家 合资企业	内部开发 远程开发 合作伙伴 专家 合资企业
1分：技术难度低	虚拟个人助理 业务流程外包	国内传统外包 临时服务机构 合作伙伴 合资企业	远程开发
	1分：战略重要性低	2分：战略重要性中等	3分：战略重要性高

图 1-7　外包导图

图表中圆圈所在位置（技术难度中等、战略重要性低交叉的那一栏）标明了 oDesk、Top Coder、eLance 三个选项。同一栏中经常会列出多种选项，企业应依据自身以往经验、具体需求、用户界面等作出最终选择。

新颖之处

外包已经延伸至团队甚至个人层面,现在项目团队可以借助外部力量来加速生产过程,提高专业技能。因此,团队需要能够帮助他们找到最好的外包方案的工具。外包导图是一种支持决策的模型,其工具本身及相关图表可以帮助团队根据自身需要,评估并选择出最合适的外包商。

工具优势

工具优势主要包括以下几个方面。

(1)能提供选择合作伙伴时需要考虑的因素的清单。

(2)能推荐外包合作对象。

(3)能降低选择最优外包合作对象过程中的决策风险。

(4)能为项目提供真正能用的辅助资源。

适用情形

该工具可以发挥催化的作用,通过利用国际资源,快速配备项目人员;同时,通过提供真正有意义的建议,减少项目实施过程中的不确定因素,降低风险;并且,由于该工具向企业管理层提供了足够的证据,因而加速了审批过程。

其他注意事项

我们无法将复杂的决策过程简化成加减乘除,但外包导图至少可以帮助加快决策过程。你需要同时考虑其他因素,如企业内部文化、知识产权敏感度、成本、过往的工作经验(好的经验或坏的教训),等等,因为有时这些因素的作用不容小视。刚刚接触外包或远程开发业务的企业更需要注意,影响外包资源质量的因素非常多,其中包括交流沟通和资源周转。而外包导图有利于将上述风险降至最低。如果你负责的是小型项目,所使用的外包资源报价不高的话,建议先找两家外包商并行试做某个时限明确的小任务,然后选择结果质量更优的一家进行外包合作。

案例分析

NetCo 企业的人事、技术部门正在经历向自动化办公转型的关键时期。技术项目负责人 Chuck 面临着一些亟须解决的问题,稍有不慎便会拖慢项目进度。其中有三个问题(也就是三项任务），他无法通过企业内部的资源加以解决：①将以往电子表格里的信息导入现在使用的工具；②改变用色和标志，使其显得更为专业；③需要一名编辑，清理异地创建的个性化文档，以保持企业产品风格的一致性。Chuck 需要尽快完成以上三项任务，所以他选择外包来争取时间。

通过回答外包导图的所有调查问题，Chuck 最终确定求助于第三方承包商。他将这三项各不相同的任务的相关信息提交给了一家外包中心：对于第二项、第三项任务，他决定挑选两位图形设计师和两位编辑，分别给他们一项示例任务考核试用，然后聘用其中表现优异的图形设计师和编辑；至于数据导入的任务，他需要聘请业内最有经验、最受好评的外包商。在两周时间内，Chuck 就已经为自己的项目团队增添了三名得力助手——由于成本极低（三项任务总共花费 8000 美金），只需要向管理层请示一次就足够了。

从本节示例所用图表中可以看出，Chuck 回答了各个问题，在战略和技术两个层面评估出了平均分值。之后，他在外包导图中按照平均值定位出圆圈所在位置，这样便可以清晰看到推荐使用的最优外包解决方案。

充分利用社交网络

社群模型
Social Community Matrix

工具简述

　　社交技术的应用越来越广，并且开始给客户服务、市场营销、人力资源带来真正的好处。利用社交技术，互联网虚拟社区能够实现交流和协作，从而造福企业组织；企业得以真正了解客户的需求，从而提供给客户最好、最需要的产品。社交技术为企业所创造的价值，已经远远超过市场营销和客户服务。

　　在企业内部创建一个管理得当的虚拟社区，可以集思广益，将好的想法发扬光大并推荐给管理层，从而加快创新和产品研发的步伐。这种方法能够成功解决多种多样的问题，其关键在于：①以合适的理由，②针对合适的人群，③创建合适的社区。企业可以使用 Spigit、Brightidea、IBM 的 Jams 等功能强大、易于轻松定制的第三方解决方案，快速创建虚拟社区，将员工和客户联系起来。

　　如果你刚刚开始考虑使用虚拟社区，什么是进入这个领域的最好的起步方式呢？是创建一个仅供员工使用的内部社区，还是依赖于外部参与度的外部社区？社群模型能够清楚地给出上述问题的答案。该工具旨在针对具体所需解决的问题，创建最有效率的社群。它是依据社群的两项最基本的组织原则——

关注点和参与度来构建的，以关注点作为 X 轴（横轴），以参与度作为 Y 轴（纵轴）。

所谓关注点，指的是社群的整体目标。一种情况是，你可以开放式地管理社群，询问社群成员亟待解决的相关问题，例如，明年的首要目标是什么，我们现在需要在哪项技术上下工夫，才有助于实现未来 5 年的发展规划，等等，帮助企业确立发展方向。我们将这种社群称为问题导向型社群。另一种情况是，你借助社群来为某一明确的问题寻求具体解决方案，典型的问题包括：如何将产品性能提高 30%；如何将成本降低 10%；等等。这种社群被称为方案导向型社群。

而所谓参与度，指的是寻找最合适的社群成员以得到最好的结果。参与度最基本的衡量标准，就是对外部社区的开放程度。这里有一种想法，认为社群应该百分之百对外开放，以获得所有人在某一问题上的意见。但这是不现实的。更合适的做法是，挑选合适的社群成员，让其提供最具建设性的意见，以便提高工作效率，既减弱噪音，也减少不必要的阻力。这一点对于有效管理社群相关数据而言，是至关重要的成功要素。

你可以按照以下步骤使用社群模型：

（1）确定所期望使用的社群性质（问题导向型社群或是方案导向型社群）。

（2）确定适当的参与范围（内部或是外部，广或是窄）。

（3）在社群模型上确定应该创建的社群类型。

直观图示

社群模型图如图 1-8 所示。

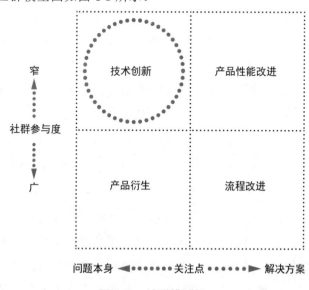

图 1-8　社群模型图

社群模型以社群参与度和关注点构建框架，显示出在不同的目的下，应该如何选择合适的社群——关注问题本身的社群（参与度广）或是关注解决方案的社群（参与度窄）。

工具优势

工具优势主要包括以下几个方面。

（1）根据所面临的问题，快速找出最合适的社群类型。

(2)重点关注最重要的事务,从而加快产品研发速度。

(3)为跨国组织提供有效工具,以更好凝聚分散于世界各地的团队的集体智慧。

适用情形

在当前复杂的市场环境中,想要在竞争中立于不败之地,速度是非常关键的因素之一。企业需要借助最好的工具和技术,保持竞争优势,保证团队高效运转。而对于大多数企业而言,把所有员工召集到一起讨论及实施方案是不现实的。这个时候,社交网络的作用便越发重要了,它有利于企业寻找最好的创意,以更高效的方式进行协作,并加快企业高层的决策过程。

其他注意事项

社群模型是一种高级的框架工具。企业需要具备一定的判断力,来挑选其合适的参与成员。尤其对于专家人才及意见领袖的选择,更是重中之重。社群必须保持活力,才能有效率。而保持社群活力的最好的方式,就是提供重要的、独一无二的内容,积极响应社群成员所提建议,并谨慎选择讨论的话题。另外,还应该对社群进行经营管理。如果仅仅是发送邮件告知社群成立了、邀请众人参与的话,是远远不够的。需要指派专人作为社群管理员,管理、监督社群,保证成员广泛参与。而社群管理员应该高度重视这份工作,并至少能够拿出自己四分之一的工作时间用于管理、维护社群。

案例分析

NetCo 企业在四个国家有七所研发中心,工程师数量多达 10000 名。所有的中心都中规中矩地执行企业产品规划蓝图,却在创新方面无甚表现。企业高层知道工程师当中人才济济,却苦于没有好的方法、途径来激发他们的灵感,并将这些灵感用于企业产品研发和技术革新中。分管工程技术的执行副总裁 Bill 责令自己的团队使用一款 SaaS 社交软件服务建立社群,方便激发灵感和加强协作。同时,Bill 也希望得到领导层的批准和投资,将一些好的灵感创意付诸实践。

通常情况下,这个社群会发布一些需要解决的具体问题,限时完成,称为"竞赛"。第一场竞赛旨在为企业新一代产品确定所需使用的三种技术。Bill 希望将参与范围限定在企业优秀的架构师、工程师和技术产品经理(总人数大约 1000 人)。他借助第三方工具给这些人发送了社群邀请,将此场竞赛期限设定为 5 天,要求参与人员将个人 5% 至 10% 的工作时间用于泡论坛,分享灵感,协作开发他人的好的创意,并投票选出最好的答案。

5 天过去,Bill 收到了很多在论坛上反响强烈、效果极佳的创意答案。他召集管理团队开会讨论,最终选出三个创意答案待进行进一步研究论证,给每个创意团队拨款 25000 美金,并责成一支专门的软件团队对其提供技术支持。除了成功选出支持企业新一代产品研发的技术外,此场竞赛过程还增强了 Bill 下属分散世界各地的各研发团队之间的有效协作,同时为未来的产品研发提供了充分的"自下而上"的支持。

第 2 章
管 理
Management

定义

管理的定义恐怕比战略更多。本书将管理定义为"明智地运用手段,以达成某项目标[1]",并适当扩展,将企业内部上下级之间发生的大部分行为都包括进来。这样一来,很多图形化

---

[1] 根据《韦氏词典》第 10 版关于 "management" 的解释翻译得到。

工具都可以作为管理工具，被管理层（包括经理、总监等）用来管理企业、有效利用资源，让企业更好地运作。

管理贯穿于整个研发周期。正因如此，本章介绍的所有工具也涵盖整个研发周期。有效运用它们，不仅可使项目进程清晰可见，而且能够提早发现问题并降低风险。

本章重要性

通常，项目最困难的部分在于其起步阶段。正确的需求和正确的项目规划缺一不可。如果不能满足此两项条件，在创新和执行力方面就有可能出现问题。

而创新和风险，二者常常相伴而行。为了成功研发出创新的产品，你需要对风险进行管理。风险管理虽然是管理当中最困难的方面之一，但却对项目有很大帮助——仅仅一场意外便可使项目大肆延期，因此最好的办法就是预先避免风险的发生。越界检查工具可以把问题扼杀于萌芽状态之中。

上面提到，一种风险或是一场意外可能导致项目的延期，也可能导致产品功能的缺失。产品研发的大部分过程是不可见的，因而很难判断项目进展情况。风险思维导图和风险管理模型能够让这种不可见变为可见，帮助管理者预测风险，以及随着时间的推移清楚地判断风险降低的情况。

最后，面临软件开发行业中最常见的问题——产品是否已经足够成熟？是否可以推动其上市？可以应用漏洞管理模型决定产品上市时间。因为在项目尾声阶段，能否对产品缺陷进行有效管理是产品成功与否的关键。

应用实例

本章将要介绍的第一组图形化工具主要针对项目起步阶段,可以帮助企业设定正确的需求、制订合理的初始计划。第二组工具协助团队进行风险管理。第三组工具方便对整个项目周期进行监管,并管理可能出现的意外情况。最后,在产品即将发布之际,你可以利用最后一组工具做最后的修正工作。

本章小节一览&工具清单

工具清单如表 2-1 所示。

表 2-1 工具清单

节 名	工 具
全面概述主要风险	风险思维导图
预测及降低风险	风险管理模型
指标快速预警	预测指标树
让团队拥有良好开端	九步行动计划
加速创新产品定义	需求管理模型
多项目组合一览	多项目饼状模型导图
避免职能分配遗漏	职能阶段模型
设置项目边界条件	边界条件图
使项目快速回到正轨	越界检查
以用户视角定义漏洞优先级	漏洞管理模型

全面概述主要风险

风险思维导图
Risk Mind Map
本节作者为Scott Elliott

工具简述

本质上,产品研发就是一系列风险的集合。其主要目的之一就是减少不确定性。很多产品研发团队在项目初始阶段对项目中所存在的风险因素缺乏充分认识及评估,在整个研发流程中也并未做好风险跟踪及管理。

风险思维导图是一种全新的图形化工具,可对风险进行评估和管理。该工具对思维过程进行记录,图中心位置的气泡代表所面临的重大问题,代表各相关要素的气泡分布在中心气泡的四周。

一般情况下,思维导图用来解决创造力匮乏的问题,帮助生成需求和产品创意等。但通过预标注主要风险类别(包装、供应商、技术、可靠性等)和添加具体风险因素,项目团队可以使用该工具来集体讨论确定项目实施过程中存在的风险。

直观图示

图 2-1 所示的风险思维导图是从一个光学开发专家的实际例子中得出的。中心位置的气泡注明了该图的主要用途。外部的方块表示的是各种不同的风险类别。方块旁边的清单表示的

是一些具体的风险因素,优先级按照1(最高)至4(最低)进行排序。没有标注数字的风险因素,优先级最低。

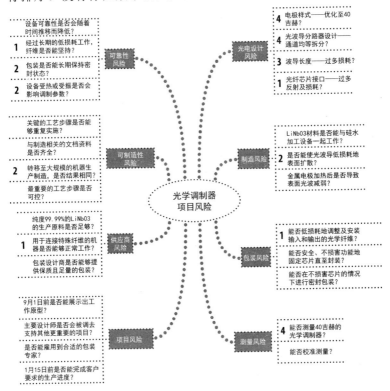

图2-1 风险思维导图

新颖之处

风险思维导图有利于集思广益,找出存在的风险,它已经替代了先前的纸质工具。借助该工具,你可以轻松地从一个中心点或某一种创意延伸开来,不断充实相关创意、原因、影响等，使其开花结果。风险思维导图还有利于加强分布式团队的实时协作。

工具优势

工具优势主要包括以下几个方面。

（1）有助于一目了然、清楚认识所有风险。

（2）找出最有可能发生的风险，以及对项目成功与否影响最大的风险。

（3）在项目实施过程中，对存在的风险进行削减及更新。

适用情形

风险思维导图通过使用相关技术，可以帮助分布式团队快速发现项目中存在的风险，生成全面的风险报告；有助于管理层提早预测风险，并尽早作出计划从而降低风险。

其他注意事项

完成一份严谨的、可信度高的风险评估报告，需要下列条件：①一定的准备时间；②广开言路；③团队之间精诚协作。如下面的案例所示，通常情况下，只有进入结构化思维或头脑风暴环节，项目中风险最高的部分才会慢慢凸显出来。风险思维导图质量的好坏在很大程度上取决于人，因此必须让最有经验的成员参与其构建。如果团队缺乏深度，则需要从其他团队聘请首席工程师或架构师来协助创建风险思维导图。

案例分析

NetCo 企业聘请了最顶尖的工程博士来负责研发一款最先进的产品。对他们而言，所面临的挑战和乐趣在于，利用切换光学元件来设计出最先进的网络产品。虽然当前还没有成功的先例，但工程团队相信他们可以在规定的 1 年时间内完成任务，因为他们之前曾在其他的实验室做过类似的设计，而且对自己的计算机模型满怀信心。他们甚至已经开始迫不及待地憧憬自己的名字出现在突破性技术论文的作者之列了。

项目开始阶段，团队对项目中可能存在的风险进行了评估。团队首先把所有风险类别罗列出来，例如产品定义、技术、竞争、商业化、支持、可靠性等，然后对上述主要的风险类别进行补充说明，以确定每个类别中所有可预见的具体风险因素。接下来，团队去除所列风险因素中可能性极低的条目，例如"实验室被流星击中"。一份标准的项目风险思维导图一般会列出 30~50 种可能存在的风险。项目团队要从众多类别的风险中确定哪些风险因素最有可能发生，哪些风险因素对项目影响最大。

在导图构建完成并对各风险因素按照优先级进行排序之后，需要对风险，尤其是所有高优先级或是高影响力的风险进行研究评估，并寻求降低风险的方法。负责研究评估的可以是团队成员、小组，也可以是第三方（例如，由财务部门相关人员负责评估财务风险）。

项目经理有各自的风险管理流程。风险思维导图和甘特图是他们最为倚重的两种图形化工具。成功实践案例中的做法是，设置一间实体或虚拟会议室作为"作战指挥室",使用企业 wiki 或其他内部协作软件平台在显著位置发布风险思维导图(或是软件开发领域类似于风险思维导图的产品缺陷清单)。

一旦团队降低或消除某种风险,就应该及时在风险思维导图(或甘特图等其他项目工具)上修改、注明,并重新排序风险优先级。同理,一旦出现新的风险,也应该及时添加。团队需要注意,定期传达风险思维导图的信息给所有利益相关者,至少应该每周汇总发送一次。

上述信息汇总材料可供团队在项目尾声阶段使用,回顾风险思维导图的使用情况:团队是否成功预测并降低了风险?从中得到什么经验教训?哪些可以纳入产品研发流程,以便后续项目过程更为流畅、迅速?

本案例中,团队分析了可能存在的风险,发现最大的两项风险因素是:①将光纤对准并粘在芯片的两端,②使光纤永久固定连接在此位置。团队负责人不顾主要设计师的大力反对,大胆决定将团队 80%的人力精力投入这两个难题的攻关之中。技术人员耗时 9 个月,终于有了解决这两个难题的九成把握,然后,负责人才允许他们投身进行调制器的设计工作。仅仅过了 3 个月时间,团队就研发出了功能全面、可靠性强、可供上市的产品!如果团队没有进行全面的风险分析,没有为降低风险而努力攻克难关,该项目绝不可能在如此短的时间内完成。

预测及降低风险

风险管理模型
Risk Management Matrix

工具简述

虽然人们通常认为,创新过程中的风险不可避免;但事实上,通过对其进行有效预测,是能够使其显著地降低的。风险管理模型就是一种能够有效预测、管理并成功降低产品研发中所存在的风险的工具。我们建议,将本节和上节所介绍的两种工具结合起来使用,即在风险管理模型的前端使用风险思维导图(例如,事先让整个跨职能团队使用风险思维导图预测所存在的风险),不但能够大幅提高后者这种主观工具的有效性,而且可以得到特定的风险触发点(某一阈值)信息,以及若超出该触发点后该如何降低风险的行动方案。

风险管理模型中包括一系列风险种类,按照不同的标准和假设列出。对每一项风险本身的陈述,位于模型的左列,也分别处在每一行的开头。接下来则罗列风险的不同属性,例如可能性、影响、应对措施等。可能性和影响按照 1 分至 10 分进行评估,1 分表示基本不可能发生、没有任何影响。另外,模型中还应该包含风险阈值、到达该阈值的日期,以及行动方案的简短概述。

制作该模型，需要跨职能团队共同研讨、协作。通常情况下，项目经理作为主持者，需要提前制作模型草图，先罗列出一些发生可能性较高的风险，再根据团队就风险属性、风险管理要素讨论的结果对模型进行补充完善。项目经理往往可以借助审查各种边界条件来发现各种风险。风险管理模型应该在项目实施到10%至15%的时候制作完成。

在完成模型创建之后，应该在团队每周例会上抽出时间对其进行审查，目的在于回顾一遍所有重要的指标，随时增加新出现的指标，并在旧有指标的风险消除之后将其从模型中移除。当触及风险触发点时，则需要对行动方案进行调整。你可以依据新知识、新信息来更新、修正模型。成功的秘诀在于主动出击，而非坐以待毙，因为事情通常不会自己慢慢变好。

直观图示

图 2-2 所示的是一个风险管理模型图，其中罗列了各种不同的风险种类、它们的影响后果以及超过风险阈值后采取的行动方案。"影响"和"可能性"两项按照 1 分至 10 分进行评分，1 分表示没有风险、对项目不会产生任何影响。如果"影响"一项得分为 5 分，则表示该风险引发影响的严重程度将是最大限度的一半，例如为期 9 个月的项目工期延长 1 个月之类的。同样，如果"可能性"一项得分为 5 分，则表示该风险出现的可能性为 50%。该模型的好处在于，在项目开始阶段，判断力最为明晰、不受所遇风险情况带来的任何干扰时，风险触发点（阈值）和用于应对的行动方案就已经提前制定好。

"测量指标"是与风险相关的可量化的数字。"阈值"是产品发布时必须达到的值(除非另有说明)。"日期"是指监测指标的日期,或者性能必须达到或超过阈值的最后期限。"行动方案"是为了达到高层次目标所需的应对方案,此方案一般是较详细的、充分描述的,有助于风险管理模型的使用者清楚,一旦触发风险阈值就应该如何应对。

风险管理模型								
状态	风险	影响	可能性	测量指标	阈值	当前值	日期	行动方案
	全球性团队沟通不够频繁。须保持每周沟通	4	7	每周会议	2	2.5	当前	调整团队晋升计划;购买视频会议系统;改变激励机制
	当页面加载错误、用户需返回之前页面时,已经填写在长表格中的数据须保证不丢失	6	6	数据丢失百分比	10%	25%	2013年四季度	审查当前布局;引入专家咨询;打破员工平衡
	高负荷工作时,服务器仍须迅速响应用户,页面加载时间应远小于1秒钟	7	7	1000用户时响应秒数	259	1000	2013年四季度	增加架构师;创建具有系统优化经验的测试团队(老虎团队)
	金融合作伙伴须足量。这是该家庭财务项目的关键	4	6	机构数量	1000	247	2013年四季度	增加业务开发人员配置;改变激励薪酬;增加外部业务发展企业
	在推出桌面版本的同时,须保证移动操作系统支持到位	5	6	准时	2014年四季度	2014年四季度	当前	精确跟踪预测进度;如完不成进度,从越南招募内部团队(已获批准)

图 2-2 风险管理模型图

新颖之处

风险管理模型使用可量化的风险触发点,且在问题出现前就已经准备好了用于应对的完备的行动方案。另外，由于整个团队（一般是 5~15 人）都参与了模型制作过程，该模型必然比只由个人制作的模型更为健全、功能更强大，也会得到各方面的支持。

工具优势

工具优势主要包括以下几个方面。

（1）提早确定风险，远在其发生之前。

（2）由于提早进行了准备，可以有效降低风险的不良影响。

（3）模型提供可量化的指标，指明何时应对风险因素采取行动。

（4）由于阈值明确、流程获得各方面赞同、支持，因而应对方案会以更快速度得到实施。

适用情形

风险管理总是伴随着创新而生。创新就是挥别过去的历史，因而会不可避免地产生风险，但是我们可以对风险进行管理。风险管理的一种方式是微观管理，但此方式显然会打压创新的发展；另一种方式是放权给团队，让其进行自身风险管理，此方式可以激发团队的工作热情。

从宏观商业角度来看，拥有一套完备的风险管理系统可以帮助团队预测、防范和降低风险，从而提高项目的执行力。一旦风险得到良好的控制，由风险导致的工期延误、预算增加等问题自然而然也就不会发生了。

其他注意事项

　　风险管理模型能够有效降低风险的幅度，取决于其初始数据的设置。团队通常需要在创建模型阶段加入一两名高级工程师，以便生成一份更具深度、更为全面、更深思熟虑的风险列表。由合适的人选、遵循特定的流程来构建模型，这样对"可能性""影响"等项目的评分会相对容易一些，尤其是确定那些在"影响"一项得分中上，且有可能发生的风险种类之时。如果在评分时遇到困难，你可以尝试与之前的评分两两比较、反复核对。

　　盲目乐观可能是应用该工具的最大隐患。我们不能错误地抱有希望，认为风险会自行消失，或是仅仅通过努力工作就可以消除风险。务必记得在风险发生的时候，立即采取应对措施。还记得在项目开始阶段你曾经有清醒的认识吗？进展到眼下，到底发生了哪些变化呢？很有可能一切都没有变，只不过你面临交付压力，有很多事情需要担心考虑，所以不想在这个问题上再纠缠而已。重申一遍：在风险发生之时，应该立即采取应对措施。

案例分析

　　WebCo 企业准备推出一款新型多站点家庭理财项目，该项目将（有史以来第一次）充分利用所有地区的优势。项目经理 Brian 和产品经理 Molly 共同认为，对项目进行风险分析是非常必要的。他们一起构建了一份风险管理模型的草图。两人使用风险思维导图罗列出所有重要的风险种类，也对各种风险发生的可能性和其影响后果进行了评分。以此草图为基础，他们召集团队召开全球电话会议，并邀请两位架构师也参与其中。

会前，团队各位成员对这份草图进行了研究并做了精心准备。

在1个半小时的会议讨论之后，团队罗列出以下风险种类：团队沟通、服务器响应速度、屏幕数据完整性、可用性以及金融合作伙伴签约数量。风险触发点指标如下：开会的频率（每周两次）、服务器响应速度（负载100名用户时为250毫秒）、屏幕数据完整性（无论出现任何错误，都要求达到100%的完整度）和签约数量（每周签约15家合作商）。

项目团队把该模型放在内部wiki平台上，每周对其进行审核回顾。虽然此模型如何影响项目最终结果还不可知，但我们可以在进入项目设计阶段之前，由此模型了解到对于此家庭财务软件的各种需求，包括需要此软件与各种移动终端兼容。在做了一次越界检查后，团队把兼容这一需求添加进了风险管理模型，这意味着团队需要增加自身可使用的资源，以保证项目按进度开展。由此可见，该模型和每周一次的审核回顾促进了团队的充分沟通，也使项目在增加了新需求的同时还能保证正常进展。

指标快速预警
预测指标树
Predictive Metrics Tree

工具简述

企业常常测量错误的指标，从而得到错误的结果。我们常常更关注那些容易做的事情，胜过有用的事情。我们总是喜欢不停地验证自己是否成功，而忽略那些与项目是否出错息息相关的预测性因素。

本节旨在强调预测指标的重要性。预测指标与结果指标有着本质上的不同——结果指标是对某一结果的测量，而预测指标是企业组织对产生结果的某一过程或者行为进行测量。

预测指标树，是一种有助于企业组织作出正确权衡、实现最终项目目标的工具。该工具指明了项目目标与3至5个关键因素之间的直观联系，只要找到关键因素并按时进行评测，就能很好预测完成项目既定目标的可能性。之所以被称作"树"，是因为该工具图表以目标作为"树顶"，并延伸出许多"树枝"，看起来就像是一棵树。

平衡记分卡[2]是一种富有革命性的概念，它强调非财务指标

---

[2] 出自《哈佛商业评论》1992年1月刊登的文章《The Balanced Scorecard—Measures that Drive Performance》，作者为 R. S. Kaplan 和 D. P. Norton。

的重要性，帮助管理者更加全面地认识自己的事业。而预测指标树与平衡记分卡又有不同——预测指标树是从根源上进行分析妨碍企业完成既定目标的障碍，而非一张预先制作好的财务及非财务指标的列表。

构建预测指标树一般是由管理团队牵头的，是一个跨部门协作的过程。其关键在于，在充分考虑产品上市复杂性的前提下，找出对完成既定目标影响最大的3至5个关键驱动因素。在清楚地确认这些因素之后，就可以找出行动计划以及用于监测进展情况的指标。最后一步是定期测量、管理所得出的预测指标。

项目目标：跨职能团队需要对项目的目标进行界定。产品研发中常见的几种目标包括按期交付项目、节约成本、提高收益率，等等。项目目标是各部门共有的，有时间限制，并且可以被测量。团队依据企业整体目标制定项目目标。项目目标与本节所讨论的预测指标不同，它常常是由团队测量的结果指标。

关键驱动因素：团队按照项目目标找出关键驱动因素。一旦确定项目目标，团队需要找出对完成既定目标影响最大的3至5个关键因素。这一过程的重点在于，驱动因素的数量是有严格限制的，这样可以保证找出最为重要的驱动因素，避免不分重点、效率低下。

行动计划：行动计划是源于每个驱动因素内部，可以保证团队顺利实现目标的关键行为。通过定义每一驱动因素的行动计划，团队可以进一步缩小重点范围，找出最有可能影响目标顺利实现的关键行为。

预测指标：预测指标是对目标完成情况进行测量的过程或者行为。项目团队需要针对每一项行动计划，确定一项可测量参数，作为完成情况的最佳指标。确定预测指标的关键在于，团队需要准确定义指标各项细节、采集频率、测量单位和目标值等。

在团队确定3至5种预测指标后，应该每天或者每周对它们进行追踪——通常在每周团队例会或是管理层例会时进行，以做成幻灯片演示的方式。团队能够借此检查工作是否朝着目标有序进行，也能够在发现问题之后快速予以纠正。

直观图示

预测指标树是一种层级式图，它把某一目标分解成关键驱动因素，用行动计划来管理各个关键驱动因素，并用相关指标对各行动计划进行量化。图2-3所示的预测指标树来自于一家创业型企业的案例，逐条列出了典型的困难挑战，例如产品上市进度安排、人员配置、营销、现金流等。

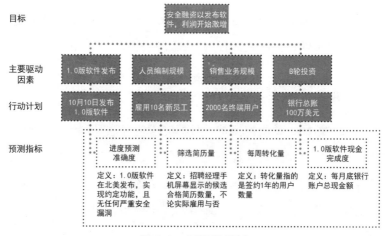

图 2-3　预测指标树

图 2-3 所总结的预测指标分别是：

进度预测准确度指标——计量实际上市时间与预测上市时间之间存在的偏差，公式为（实际上市时间－预测上市时间）/预测上市时间；目标是得出的数值低于 10%。

筛选简历量指标——通过手机屏幕筛选出的候选人数；目标为 10 人以上。

每周转化量指标——每周由潜在客户转化为签约 1 年服务的客户数量；目标为每周 40 人。

1.0 版软件现金完成度（预估现金流）指标——在下一轮融资结束时银行账户的估计现金总额；目标为 100 万美元以上。

我们以"筛选简历量"预测指标为例，来做进一步的说明。很多项目经理会用"每周或每月雇用的员工数量"作为指标，来对行动计划"雇用 10 名新员工"进行衡量。但这样做既缺乏预见性，用处也不大。而如果采用"筛选简历量"作为指标，就可以很好地预见完成行动计划（雇用 10 名新员工）的可能性。如果衡量该预测指标的频率为每周一次（或是更为频繁）时，招聘经理则会抓紧时间及时筛选简历。当然，也可以进一步设定需要筛选的简历总量，来完成筛选简历量的既定行动计划。

新颖之处

平衡记分卡这一概念本身是存在缺陷的。指标是否平衡，意义何在？最重要的是，指标能够帮助管理层关注重点参数，以顺利实现项目目标。另外，最平衡的得分系统通常是滞后的，就像是看着后视镜开车一样。企业常常测量错误的指标，从而得到错误的结果。

工具优势

工具优势主要包括以下几个方面。

（1）此预警系统可以有效帮助项目重回正轨。

（2）提前发现项目面临的问题，帮助管理层利用数据理智决策。

（3）测量真正重要的指标，而非那些容易操作的指标；将测量的因素数量限定为 3~5 个，从而使项目管理者将注意力集中在最重要的部分。

适用情形

预测指标树是有助于团队实现既定目标的最好的流程管理工具之一。这些指标的预测本质可以帮助管理者及其团队找到自身真正所处的位置，指明前进的方向，并不断改进前进的方法。预测指标树能够帮助企业组织优化资源配置、减少浪费，因为所有的行动计划都是相辅相成，最终为实现整体目标服务的。

其他注意事项

要找到正确的预测指标并非易事，但如果严格遵循按照整体目标制订行动计划的模式的话，会少走很多弯路。此外，你应该对指标的重要性进行验证，看其是否会在两周内发生重大变化。最后，要征求团队外部其他人士的意见——他们是否认同所找出的预测指标？是否认同这些指标能够帮助解决项目 80%以上的问题，从而顺利实现最终目标？

案例分析

创业型企业 CleanCo 已经为其第一代产品发布成功融资。他们意识到，要想成功吸引新一轮投资，必须具备以下四项关键驱动因素：①软件发布，②增加技术人员数量，③扩大销售业务规模，④募集新一轮投资。预测指标树工具清晰标明了企业整体目标（发布第一代产品）与各个预测指标之间的联系，帮助管理层对各种可能妨碍目标顺利实现的风险有直观清楚的认识。读者可参见上面的示例图表，以了解各项预测指标和整体目标之间的联系。

企业需要清楚定义各项指标，并按期进行测量及审核（此例为每周一次）。对上述所有四种指标进行追踪及更新只需要一张电子表格，仅仅花费几分钟的时间。

让团队拥有良好开端
九步行动计划
Nine-step Initiative Plan

工具简述

有些时候,需要有人站出来主持大局,解决那些妨碍企业组织创新的问题,清除影响周期快速循环的障碍。九步行动计划为此提供了最基本的步骤。该工具有助于团队尽快着手某一项目的具体工作,实现合理人员配置、目标愿景一致,并对衡量项目是否成功有着统一的标准。

九步行动计划的步骤如下:①构建核心团队;②审核项目章程;③构建流程和结果指标,验证资源可用性,保证目标达成;④通过搜集企业最佳、同类最佳等数据,提供备选方案;⑤列出最为关键的各项活动;⑥设计部署材料;⑦开展试点;⑧将流程标准化,以便更广泛执行;⑨监控培训、部署和有效实施使用的指标。

每一个项目都应该有一名项目牵头人,负责招募团队成员、制定项目章程、清晰定义成功的标准,以及设定时间期限(项目应该何时完成、团队成员应该如何做时间预算等)。九步行动计划的步骤可以作为指导参照,再按照实际项目需要改动调整(例如,你可能只需要选择其中的七步)。最好的实践方法是,先把自己关于九步行动计划中每一步的设想构思集中起来,制作出一份初稿,然后再根据需要作出进一步修正。

完成上述过程大约需要 2 至 3 次会议,每次时长一小时。务必注意限定时间,以保证工作顺利开展,而非仅仅停留在纸上谈兵的阶段。另外，还需注意在进展过程中不断作出修正。

直观图示

表 2-2 所示的是九步行动计划表，此表能够成功实施大规模的变革管理项目。第二列概括出每一步所包括的事项条目。第三列则提供了具体应用案例的详细描述，以方便按图索骥。

表 2-2　九步行动计划

九步行动计划		
1	构建核心团队	
	·设定上市进度总则； ·挑选正确的团队成员； ·粗略制定上市进度表和时间要求	首席执行官Rajiv指派4名成员负责概念签入流程：项目经理Brad、产品经理Maureen、硬件研发经理Sarah和工业设计主管Jake。团队成员均赞同九步行动计划的重要意义，决定用4至6小时时间完成此九个步骤
2	审核项目章程	
	·就项目章程达成共识； ·制定买进战略； ·开始买进； ·必要时对章程进行修正	核心团队一致认为应该研发并试验一种全新的概念签入流程，其中包括培训一支跨职能团队。团队将制定出样板，提供一套完整、高质量的示例文档。签入的目的在于创建一种可扩展的过程，为处在上升期的企业组织提供早期项目决策、团队定位等方面的支持
3	构建流程和结果指标，验证资源可用性，保证目标达成	
	·制定所期望的行为变革； ·就预期指标进行集体讨论	管理变革的最优方法是对行为进行测量。为了确保企业组织成功迎接变革，核心团队制定出以下指标： .流程指标：团队受训比例，团队使用样板的比例（目标为90%） .结果指标：团队提交完整样板的比例（目标为90%）

续表

4	通过搜集企业最佳、同类最佳等数据,提供备选方案	
	·从以往工作经验中搜集案例; ·列出每一实践案例的利弊; ·从企业最佳、同类最佳等数据中总结出最关键因素	. Brad负责从企业现有工作流程中搜集有用经验。 . Maureen负责寻找行业成功案例中的有用信息。 .所有团队成员共同分享各自以往工作经验中的成功实践案例
5	列出最为关键的各项活动	
	·生成高级别阻止列表; ·识别模板选项; ·将关键行动形成文档	团队创建了一份4至6页的幻灯片演示文档,作为概念签入流程的模板。文档包含以下数据信息: .项目概述:目标市场、主要特征、毛利率目标、项目团队、工业设计草图等。 .项目进度:重要的里程碑式事件。 .主要事件/风险。 .重要财务信息
6	设计部署材料	
	·概括制定流程的关键组成部分; ·与各利益相关方一道,对组成部分进行审核; ·获取管理层批准	一旦制定出概念签入流程的模板,核心团队需要尽快与主要的利益相关方一道对其进行审核。在反馈得到落实后,团队应尽快把模板投入现实项目试用
7	开展试点	
	·制定前后一致的研发流程文档(第二版草稿); ·在某一项目上试行此流程; ·获取管理层批准	依据产品规划蓝图,团队确定中期项目X的项目经理Brad是开展试点的最佳负责人,他将主持跨职能团队的培训工作。在团队完成模板准备工作后,Brad安排一场会议,向管理层汇报介绍概念签入流程。得到反馈意见之后,团队对模板进行了修正,再大范围地推广

续表

8	将流程标准化，以便更广泛执行	
	·根据试点所得到的反馈意见进行修正； ·制订实施方案； ·构建文档； ·召开各职能部门负责人员参加的初步研讨会议； ·根据需求，改进部署方案	核心团队确定企业中需要参加概念签入流程培训的40名员工。 两期培训皆使用X项目作为案例。 为更好实现大范围推广，核心团队对概念签入流程培训材料进行了额外的修正，并将其上传至企业内部wiki平台，以备日后查阅参考
9	监控培训、部署和有效实施使用的指标	
	·反思九步行动计划步骤； ·充分肯定团队成员及其他有贡献的人士的作用	核心团队监测以下指标： ·流程中受训比例； ·使用概念签入的项目比例； ·概念签入流程中使用模板的比例。 以上述指标作为基准，保证团队能够清楚发现预期的、企业组织内部发生的行为变革

新颖之处

九步行动计划拥有巨大影响力，可以使团队快速建立起坚实稳固的根基，保证项目的成功执行或改进。构建新团队并没有固定的方式方法，我们推荐使用九步行动计划，是因为它确实非常行之有效。

工具优势

工具优势主要包括以下几个方面。

（1）明确目标，使新的行动计划有一个良好、固实的开端。

（2）通过在更大范围内试行新流程，加快项目进度。

（3）建立清晰的成功标准，从而方便权衡决策，以及监测项目从头至尾的进展情况。

（4）能够最小化因权责不明而引起项目"重启"的概率。

适用情形

我们没有多余的时间和精力可以用来挥霍浪费。通过建立一整套标准化步骤来构建跨职能团队，这是一种旨在减少改进式项目开始阶段的浪费的时间的做法。如果我们缺乏此类项目的经验，这种做法就更为重要了。此外，以经过测试的模板作为开端，可以大幅度降低新错误的发生概率。

其他注意事项

拥有初始项目计划仅仅只是起点。计划并不完美，不能不作审查就亦步亦趋。项目经理常会犯这种错误（虽然在项目起步时，项目经理可以这样做）。如果发现某两项步骤之间的间隔超过一周，则表明该计划需要调整，增加更多的细节。

案例分析

WebCo 企业正在扩大产品线，已经加大了招聘力度，以确保他们制订的业务计划能够顺利执行。鉴于大量新员工的加入，以及多项目同时进行的状况，管理层希望实施一套早期产品审查流程，旨在保证团队拥有良好开端，以实现市场推广和收益目标。首席执行官指派了一个小组负责构建整个流程，并将其推广应用至整个企业。该流程需要团队一致通过，从而更好地为其提供早期项目决策、团队定位等方面的支持。核心团队将采用九步行动计划构建产品审查流程，并使用产品规划蓝图确定试点单位。

加速创新产品定义
需求管理模型
Requirements Management Matrix

工具简述

一个项目的创新程度，往往依赖于产品定义阶段所具有的创造力。这里有一种颇受好评的实践方法，就是总结冲刺型（敏捷）开发方法的基本要素，将其应用于产品开发的前端——也就是通常所说的概念阶段或是定义阶段。敏捷开发的本质，是将用户案例/用户故事转化为运行代码，并通过客户代理对其进行测试。每一个周期被称为一次迭代，也叫做一次冲刺，目的在于在每次迭代里测试尽可能多的用户案例/用户故事。

你可以为用户案例设置一系列场景，并应用"看板"工具管理此场景列表。看板是由丰田开创的日式质量体系中的重要概念，指以准时化生产方式（JIT，又称无库存生产方式）为基础控制现场生产流程的工具[3]。你可以在需求过程中应用上述模式，设置未完成需求的初步场景（库存）列表，既按规定要求又富有创造性地对其定义，并逐一追踪。例如，你有 10 则用户案例，产品经理认为它们对产品来说十分重要，你需要关注的指标包括：未定义的用户案例数量，以及定义过的用户案例数量。两组用户案例都需要进行追踪，因为在需求过程中，随着

---

[3] 出自文章《Visualizing Agile Projects Using Kanban Boards》，作者平谷贤治，可参考网址：http://www.infoq.com/articles/agile-kanban-boards（本书作者于 2011 年 11 月访问）。

新场景的出现，往往需要增加新的用户案例。

通过在需求定义阶段使用冲刺型的敏捷流程，管理层可以与开发团队一道对需求进行筛选、改进以及归档。管理层无须每时每刻与开发团队绑在一起，但两者需要定期进行接触。团队可以使用一份简单的概念定义作为此敏捷流程的开始。这份概念定义一般由产品营销部门提出建议、管理层的一位代表（一般是负责市场营销的副总裁或是首席营销官）完成，然后带至与核心团队（4 至 6 名成员，包括质量部门和用户体验部门的代表）、管理团队（监管业务部门的 3 至 5 名 C 级经理）的工作会议上进行讨论。

经过会议讨论，产品概念描述更为翔实全面。团队将需求分为三类——备选需求、处理中的需求和已经定义完整的需求。其中，备选需求指团队计划讨论研究的需求；处理中的寻求是指已经提出，但对其的讨论尚未结束的（或是尚未达成共识的）需求。会议结束之后，团队成员着手解决上述两类开放式需求，并与客户代表反复沟通，尝试对需求进行定义。然后，团队在两周内再次集合，对备选需求和处理中的需求进行回顾，争取在接下来的 1 至 2 次会议讨论中把它们全部转化为已经定义完整的需求。上述过程通常会再重复一遍，之后项目就可以进入研发阶段了。

直观图示

下面的表与图显示出，敏捷开发的概念是如何应用于产品定义阶段的。表 2-3 是一个需求管理模型示例，列出了新人力资源系统应用的项目案例中一些示例需求的成熟程度。其中，第一列"备选需求"列出作为潜在需求的初始用户案例，第二列"处理中的需求"列出正处于具体化及仔细定义过程中的需求，第三列则列出已经定义完整、被接受的所有需求。由表 2-3 我们可以看出，第一次会议讨论之后，定义完整的需求只有两个。如图 2-4 所示，在第三次会议讨论结束之后，完整定义的需求数量应该达到 10 个。图 2-4 所示的纵轴显示的是未经定义的需求数量，横轴则是召开的会议次数。

表 2-3 需求管理模型示例

需求管理模型（第一次会议后）		
备选需求	处理中的需求	已经定义完整的需求
1.360度评估反馈 2.薪资标准 3.校准	1.是否兼容Union 2.预置反馈 3.跟踪去年业绩 4.目标设定 5.绩效改进	1.软件即服务（SaaS） 2.纠正措施

团队使用看板管理工具（准时化生产方式）生成了表 2-3。此表共有三列，表示的是当时的各个需求的状态。表 2-3 是在第一次会议讨论后制作完成的（在图 2-4 中也有所体现）。表中第一列列出的是团队已知，但并未定义的需求；第二列则是已经讨论，但尚未完成定义的需求；最后一列是团队已经达成共识，并定义完整的需求。

图 2-4 显示出未定义的需求是如何随着时间推移逐步被解决（燃尽）的。纵轴表示未定义的需求数量，横轴是召开的会议次数。最理想的状况是，开始时所有需求都未定义，至第三

次会议讨论结束，未定义需求的数量随斜线下降，燃尽至零。此燃尽图有助于团队成员清楚地认识，并以最快的速度保质保量地完成整个需求定义过程。

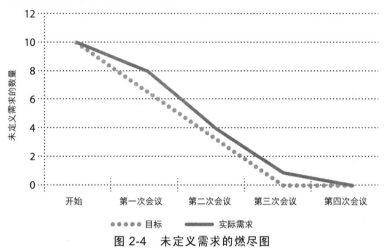

图 2-4　未定义需求的燃尽图

新颖之处

随着 Web 2.0、软件即服务、云计算等新兴技术成为趋势，企业组织一来需要缩短研发周期，从以往的以月为单位，变为以周为单位，二来应该重点关注产品开发的前端，即对产品核心性能进行准确定义的阶段。对于敏捷软件开发中的一些好的经验，应该大力吸取借鉴，用以实现管理层及研发团队之间的通力协作，不但有益于实时定义产品、加速创新（一般可以在 4 至 6 周的时间内完成大型产品的定义过程），而且能够集中企业组织内部智慧，获得丰富且优秀的想法创意。这样一来，速度和质量，二者可以兼得。

工具优势

工具优势主要包括以下几个方面。

（1）由该工具生成的产品定义，引人注目、令人信服。

（2）加强了管理层和研发团队之间的联系，从而加速了产品定义的过程。

（3）在企业组织内集思广益，从而使产品定义质量更优。

（4）管理层会加入更多的跨职能需求，保证整个产品被完整定义，而不仅仅是定义某些核心性能。

适用情形

糟糕、多变的产品定义是工期延误的罪魁祸首之一。但是，产品定义的过程同时也是创新的过程。需求管理模型旨在打破速度和创新不可兼得的想法，因为在使用该工具的过程中，可以生成富有创新性的需求，并对其进行追踪。

该工具的最大优势在于，可以用来支持企业组织以更快的速度研发复杂的平台项目，因为这些项目往往是白纸一张，需求是开放式、不固定的。

需求管理模型还拥有一项附带优势，就是为产品设置共同愿景。一旦需要对后续产品做权衡决策，你将体会到该工具带来的方便。

其他注意事项

管理层参与研发团队定义需求过程的做法，并不能取代企业与客户之间的直接交流。企业组织需要寻找正确的方式与潜在客户进行互动，了解他们的想法。

对任何的研发过程（包括但不仅限于使用需求管理模型）来说，直接从客户以及渠道合作伙伴处收集需求都是十分重要的。但是，这样做要耗费大量资源，因而很少有企业会在其所有研发项目中都使用这种方法。因此，管理层需要确定出尤为适合使用此方法的项目，即那些牵扯范围大、对市场和企业本身来说都是创新式的、包含子系统的平台项目。

案例分析

Netco 企业计划在次年秋季推出一款全新的员工考核评估系统。其设计团队包括：技术部门主管 Chuck、分管人事的副总裁 Betty 和项目管理办公室负责人 Richard。他们在全国范围内召开了三场研讨会来收集各种需求。另外，他们还创建了一套从"原本如何"到"将要如何"的设计流程，并向管理层提交了许多建议。

但是，管理层执行第三次评审时发现，项目在 6 个月的时间里并未有任何实质性进展。这时某位高管提出，建议借鉴敏捷管理方法，因为此方法曾在企业产品研发部门取得了不错的成效。

此高管同意协助设计团队完成任务。第三次评审结束的 6 周后，他们在项目的整体构想上达成了一致意见。然后，他们在这个基础上草拟了一份工作说明书，并据此寻找软件供应商和系统集成商。他们完成了产品定义工作，而后项目进入正式研发阶段。

技术部门主管 Chuck 将上述过程描述为自身经历过的最快的补救过程。他同时认为，在高层管理人员的参与下，需求可能会坚决得到贯彻实施。

多项目组合一览

多项目饼状模型导图
PIEmatrix Multi-Project Map
本节作者为Paul Dandurand

工具简述

PIEmatrix™,即多项目饼状模型导图,是一种基于网络的平台工具,企业可以将其部署于工程技术、人力资源、市场、销售、财务、运营等职能部门,从而体现项目的跨职能性。这种工具提供简便的视觉体验,因而对非产品研发人士、非技术领域专业人士等大有裨益。

在新产品开发部门(NPD),项目迭代,生生不息,一个项目结束后,马上就会迎来另一个项目。企业为缩短上市时间,需要对多个项目采用类似的生产流程,以实现高效运作。这些项目在本质上大致相同,许多工作都是重复进行,因而企业会建立一套标准化执行流程,提高工作效率。多项目饼状模型导图正可以促进流程与项目的紧密结合,实现标准化。

这些重复的流程包含相同的阶段、步骤、角色和交付文件模板。另外,由于所有的项目都相对复杂,所以可以采取多种流程并行的方法。例如,新产品开发周期的第一步为项目管理,第二步为产品构思、原型设计和开发,第三步为合规性准备和监管审核,团队可以在项目周期的各个阶段并行开展上述工作。

多项目饼状模型导图将上述各种流程比作一个 pizza 饼的不同层,将周期的不同阶段比作 pizza 饼的每块,以直观的方式显示出来，因此得名"饼状模型"。"饼"指的是从上方俯瞰，整个图就像是切好的成块的 pizza 饼；而"模型"显示出每块的不同层——就像将 pizza 饼切成小块后，你可以清楚地看到每块中的奶酪、香肠、面皮等。借助该工具，团队可以得到反映各个子项目堆叠流程的层次感的清晰视图。这样一来，各团队成员就可以专注于项目中自己负责的子项目部分（层），而不会在项目执行过程中困扰于整体项目的复杂性，为其他不属于自己职责范围的工作分心。

该工具能够直观地将项目在一页纸上体现出来，并实时显示出各子项目的进展和各项重要指标。虽然本节示例图（见图2-5）中使用的是灰色，但是通常在实践中会采用不同颜色表示项目进展的不同状态，具体遵循下列规定：深绿色代表已完成，浅绿色代表进展中，黄色代表存在风险（应尽快解决），红色代表出现问题（应今天解决）。

该工具可供团队所有成员以及项目股东使用。其步骤简单，便于上手，在分配工作时还可以添加文字提示；内置有私信和邮件通知功能，利于团队协作；同时还提供工作清单、日历工具等，有助于每位成员快速定位目前亟须解决的工作任务。

直观图示

图 2-5 所示的是多项目饼状模型导图，可以视为一种 5 层式的项目管理系统，以图的方式直观地展示出 5 个项目的进展情况。其中，轴心国项目通过使用项目-历史管理方法在整个企业内获得项目验视回顾的数据；此项目存在一个问题——其焦

点组尚未建成（见深色指标）。星-客户关系管理项目也存在问题——缺乏具体需求（见深色指标）。除上述两个项目外，其他项目进展过程没有问题。北极星项目存在工期延误的风险。金融一体化项目旨在培训所有的项目经理如何创建项目预算计划，目前进展顺利，已经完成"定义"阶段90%的工作了。

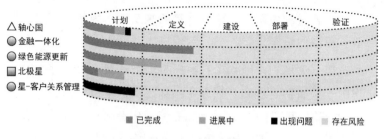

图 2-5　多项目饼状模型导图

新颖之处

多项目饼状模型导图重视项目的流程管理和视觉化管理。不同于传统项目管理工具以任务为中心的方式，该工具更注重以良好的流程管理来推动完成整个项目。它促使其他子项目在进程中更关注"如何完成任务"，而非"完成何种任务"，例如，在产品定义阶段，促使各子项目关注如何更好地完成收集客户需求、实现需求转化、定义产品规格等方面的工作，而不是简单列出一大堆需要交付的成果以及分配与之相关的任务。

这些流程也易于更新。只要将相关信息上传至模型服务器，之后，系统内所有相关项目都可以使用最新版流程。如此一来，流程改进工作便非常快速、流畅。

工具优势

工具优势主要包括以下几个方面。

（1）创建学习型企业氛围，快速吸取成功经验。

（2）提供轻量级的流程框架，提高工作效率。

（3）步骤清晰，方向正确，可以产生更多效益。

（4）帮助管理层从大局着眼、从细节入手。

（5）为项目申报提供执行图表。

适用情形

多项目饼状模型导图有助于企业解决诸如创新不足、速度滞后等问题。该工具所用"饼状模型"更能防止企业组织由于缺乏学习而重复犯错。

该模型框架尤其适合大型项目中各个不同组别之间的分工协作——各组别分别负责各自流程，但仍相互依赖。"饼状模型"提供了整个项目的分层式清晰视图，反映出不同职能部门之间的关系链条，易于管理层发现故障缺陷，并提早应对。

该模型框架的信息更新极为简便，有利于激发团队更新数据的积极性。而由于所有的团队使用着同一份模型，因此他们必须随时学习、吸收最新数据信息。如此一来，便实现了知识信息的实时传播。

其他注意事项

如果前期准备不足，使用如此复杂的模型系统其实是存在风险的。建议先选择一个职能部门开展一项有针对性的、见效迅速的试点项目，以确定第一步的目标。之后，再投入大量时间来构建一套复杂且关键的流程。随着时间的推移，团队可能会往其中添加更多的流程，使之越发复杂。此"饼状模型"的实时动态部署的特性，使其易于借鉴及总结成功的实践经验。

如果企业本身已经有一套档案齐全、复杂精密的流程，那么上面所述问题便不足为惧；而如果企业对流程管理不够熟悉，则需要在其内部实施一些准备工作（以及行为变革），以顺利部署多项目饼状模型导图工具。

更重要的是，应用该工具需要领导层向全企业上下灌输纪律的重要性，并创造善于总结失败教训、不断改进的企业文化。获得高层的支持是成功的关键。

案例分析

NetCo 企业正在其工程部门使用多项目饼状模型导图对全球范围内的员工培训项目进行管理，以巩固新近配发的全球研发流程。目前最主要的问题是，员工的流动（跨部门转岗、离职等）对培训的连贯性和培训质量造成了很大影响。企业决定使用该工具，协助收集企业内部好的工作经验的信息，将人员流动造成的损失降至最低。

避免职能分配遗漏
职能阶段模型
Function Phase Matrix

工具简述

职能阶段模型有助于跨职能项目团队准确地定义项目目标、各自的角色和职责,以及各个项目阶段的主要成果。虽然上述工作一般应该由项目经理负责,但创建模型的最优方式还是应该团队成员坐在一起,对各职能部门的工作任务之间的潜在遗漏或相互交叠畅所欲言。职能阶段模型可以直观地体现各团队成员之间的相互依赖性以及各阶段(里程碑式的)交付的成果。

直观图示

图 2-6 所示的职能阶段模型是一张单页的表格,分行列出了主要的职能,分列标明了项目的各个阶段,展示出了项目的每一阶段所要完成的任务,从而能够清楚一览整个研发过程的概貌。在项目的开始阶段,职能阶段模型在定义角色和职责时尤有帮助。

	阶段	概念阶段	设计阶段	验证阶段	生产阶段	
职能	阶段目标	探索满足客户需求的技术、市场可能性	完成详细的产品设计	设计及流程的验证测试	满足客户需求	验视回顾
	产品营销	·市场需求文档 ·需求和任务分析 ·初步市场调研	·预测假设 ·产品营销计划 ·可用性报告	·可用性验证报告 ·外部基准 ·初步产品推介计划	·价格计划 ·产品发布计划 ·建立监听站接收反馈信息	
	项目管理	·指定项目负责人 ·制定初步项目计划 ·创建职能阶段模型	·边界条件管理 ·项目沟通管理 ·越界检查（若有必要）	·边界条件管理 ·项目沟通管理 ·确保测试的覆盖度	·边界条件管理 ·项目沟通管理 ·全面验视回顾	
	软件工程	·制定初步S/W项目计划 ·摸建初步架构 ·制定初步测试计划	·完成S/W设计规范 ·测试计划和进度安排 ·正式的系统级质量评审	·最终候选软件发布 ·最终代码审查 ·使软件符合GM质量体系要求	·软件项目计划验视回顾 ·测试是否符合GM质量体系要求 ·最终测试报告	
	运营	·初步生产计划 ·需提前采购的部件 ·专属资源列表	·可制造性设计（DFM）输入 ·供应商管理策略 ·制定全球性量产计划	·验证生产流程 ·生产转测试的软硬件可用性 ·设定标准成本	·实现对外可告性和质量目标 ·实现时间效率目标 ·开始接受客户实用故障反馈	

图 2-6　职能阶段模型

新颖之处

企业每天都会开展新的项目，其中一些项目能够迅速落实，另外一些则在启动时就不太顺畅。如果团队成员对自己在项目各个阶段的职责认识不够清晰，那么项目很快就会偏离正轨。如何快速找出工作任务的遗漏和重叠，明确各团队成员的工作任务以及需要完成的重要目标，并传达至个人？职能阶段模型正是有效解决上述问题的强大工具。

工具优势

工具优势主要包括以下几个方面。

（1）能保证项目各个阶段都对各职能部门合理分配任务。

（2）能保证所有重要交付任务分配至个人。

（3）适用于多种情形：无论团队规模大小、项目复杂程度高低，集中式团队及成员分散世界各地的团队。

（4）从管理层的视角来看，有助于按照产品和交付预期对团队进行分配。

适用情形

很多时候，项目所遭遇的难题其实是可以避免的。通过职能阶段模型工具在项目初期明确角色和职责，可以有效提高项目团队的效率。该工具同时也是创建具有前后一致性和连贯性的研发过程的简易方法。另外，制作良好的职能阶段模型还可以使新员工尽快上手，适应工作。

其他注意事项

使用该工具需注意下列事项：第一，该工具并未囊括所有职能部门和交付任务；第二，企业应该在项目定义的初始阶段使用该工具；第三，企业必须对团队成员的角色和职责进行定义，并明确交付任务的具体细节（模板和案例）。

案例分析

CleanCo企业目前正处于第一代产品交付的定义初始阶段。管理层（对产品富有远见的首席执行官Wendy、首席技术官及联合创始人Peter，以及营销经理Bill）决定构建职能阶段模型，以明确软件团队需要完成的关键交付任务。这是管理团队首次将产品研发任务交由下级部门负责。为使新员工们更好地理解研发过程需要实现的关键要素，营销经理Bill构建了职能阶段模型，用来明确任务并加以分配。

管理层对职能阶段模型进行了审核，批准之后交由项目经理负责执行。在团队的某次例会上，跨职能团队全体对职能阶段模型进行审核回顾并加以改进，使交付任务更符合项目的实际情况，并通过分析任务分配所存在的遗漏以及交叠情况，明确了不同职能部门的职责。

设置项目边界条件
边界条件图
Boundary Conditions Diagram

工具简述

边界条件图用于明确成功完成项目所需的关键要素,以及这些要素存在的各种必需条件。该工具一般在研发过程的早期使用,尤其适用于项目融资阶段,有助于团队制订一份简单易行的计划,以及专注于项目最重要的方面。该工具旨在明确项目中的 3 个到 4 个关键要素,通常包括功能、产品成本、进度、质量等。根据要素数量,可以把图制成三角形或正方形,用每一条边代表一个要素。然后,对每个要素的边界进行描述,并附上具体的条件,例如,

产品成本:每件 X 元,底限是超过此价格的 Y%。

性能:比目前性能提升 X%,底限是提升度不小于 Y%。

功能:A、B、C 是产品必备功能。

进度:应于 2012 年 11 月 1 日前完成产品上市。

在产品研发流程初期引入边界条件图,相当于在项目团队和管理层之间建立了一份"契约"。这份"契约"使团队拥有了最大的自主权,在不越界的情况下,可以不受上级干预地规划、执行项目。但是,由于在研发过程中会遇到许多困难,因

此也需要越界检查的流程——越界检查是一种使用边界条件图的框架，使项目快速回到正轨的补充性工具。一旦团队触发边界条件，就需要执行越界检查。

定义项目的边界条件是一种非常高效的方法，会有效推动、大大方便对整个研发流程中后续项目的权衡抉择。

直观图示

图 2-7 所示的边界条件图是在管理层与团队的会议上提出的。图中三角形的三条边所代表的就是边界。该图显示出了存在的关键边界区域数量（此例中为三个区域，所以是三角形），边界名称用色块加重，每条边界旁边的虚线方块中具体阐述了边界的细节和阈值。

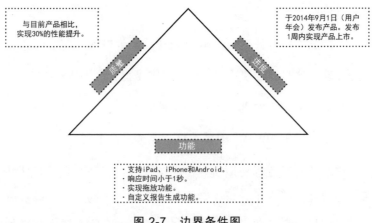

图 2-7　边界条件图

新颖之处

在现代企业管理中,管理者越来越多地放权给团队。边界条件图是一种可以清楚体现项目的所有关键层面的工具。如果团队没有越界,管理层则无须多加过问。这样既可以做到充分放权,又可以保证管理层的权威,从而达成现代产品研发团队和管理层的双赢。

工具优势

工具优势主要包括以下几个方面。

(1)合理分配人才,加强协作,重点关注能够影响项目成败的关键要素,从而加速创新。

(2)有效区分必备要素和一般要素。

(3)建立管理层和项目团队之间的约定,充分放权给团队自主规划、执行项目。

(4)确保在边界条件下对项目进行权衡并作出决策,以减少项目后续进展中的不确定因素。

(5)提供一种框架结构,在团队越界的时候能够及时进行调整。

适用情形

项目团队只有清楚地认识项目的各种关键要素,才能在实践中取得成功,在合适的时间交付正确的产品。边界条件图工具最好尽早使用,不仅能够使所有人明确并认可各种要素,而且为后续权衡抉择提供了清晰的框架。在整个流程中贯穿使用该工具,会大幅降低项目延期的风险,因为管理层无须时时干涉、过问项目。

其他注意事项

对边界以及边界触发等级等进行定义,并非容易的事。一般由团队提出定义,然后在第一次管理层签入时经其批准通过。边界条件图不能替代其他项目管理工具,它是项目进度、工作分解结构、团队例会等工具和流程的补充。

案例分析

一支跨职能项目团队正着力完成 WebCo 企业新一代产品的概念定义。该阶段的交付成果之一即是管理层签入,以便项目获得批准及资金支持。签入也包含了边界条件图,指出企业需要在功能、交付进度和产品性能三个方面有所侧重,才能提高竞争力。

使项目快速回到正轨
越界检查
Out-of-Bounds Check

工具简述

越界检查是一种在项目偏离正常轨道时对工作团队作出调整的流程工具。该工具的功能十分强大,能够快速找出问题根源,对备选方案进行评估,并为决策者提供补救措施。在项目审批阶段设置边界条件,找出影响项目成败的关键要素(通常是成本、进度、功能、质量等),可以在管理层和项目团队之间建立"契约"。这份约定使团队在不越界的情况下拥有更多自主权来推动项目进展。而一旦出现越界的情况,越界检查工具就提供拨乱反正的机制,重新调整工作计划。

当团队发现越界情况即将(或极有可能)发生时,由项目经理收集相关信息来判断团队是否能够独立解决问题、保证不越界。如果无法独立解决,项目经理会起草一份越界报告提交关键决策者,其中主要包括以下内容:

(1)团队越过或将要越过的是项目的哪种边界?

(2)越界的问题根源。

(3)备选的解决方案(同时附上建议进度表、成本影响数据)。

(4)项目团队的建议。

项目经理可以通过电子邮件提交该报告,也可以在例会上当面提交。决策者回复批准,或者对其加以修正。为了加快调整的进度,最好是让团队有权先行按照建议方案开展工作,在未接收到反对意见的情况下无须等待。

项目团队和关键决策者应达成一致意见，尽快完成这一流程（以小时或天作为时间单位，而非天或周）。

直观图示

越界检查是一种流程图，按照时间顺序从上到下进行排列，用色块来表示各个步骤，如图 2-8 所示。色块右边标有具体注释，菱形代表决策点。通过图 2-8 可以看出，越界检查是一种执行非常简便的流程。

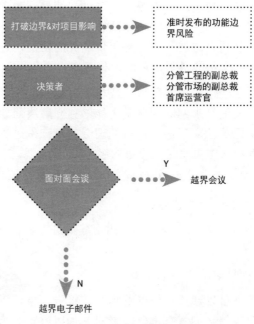

图 2-8　越界检查流程图

受跨境距离限制，并非总能及时安排与关键决策者进行面对面的会谈，因此项目经理通过电子邮件将上述信息发送给各位决策者，并抄送给团队核心成员，期望能加速这一流程。管理层最终批准了邮件中提交的两种建议方案。

新颖之处

越界检查是一种简便、快速且高效的流程，利于团队和管理层之间建立良好的沟通，在出现影响项目计划进展的重大变化时能尽快让一切回到正常轨道。快速高效应对问题的能力，是企业走向成功的重要素质。而加强项目团队与管理层在彼此信任的基础上互动，以及发挥管理层的积极作用，而非掣肘项目进展，也能够帮助企业组织获得此种能力。

一个项目从开始到结束，总会遇到各种意料之内或之外的问题。即便做了万全准备来预测和降低风险，项目有时还是会偏离正常轨道。这个时候，再次凝聚团队让项目回到正轨是十分困难的。分歧经常出现在由谁决策对团队进行调整，以及何时决策等。越界检查流程工具的优势在于，在出现边界被打破的情况之前，就已经清楚指明应对之策。

工具优势

工具优势主要包括以下几个方面。

（1）尽快对项目进行调整，以小时或天作为时间单位，而非天或周。

（2）一旦管理层建立边界条件，团队就能在推动项目进展时享有最大自主权。

（3）通过建立单一、获得认可的沟通机制，减少团队内部的争执。

（4）管理层更加信任团队，从而更能充分发挥团队的积极性。

适用情形

越界检查工具是一种轻量级的流程，一旦项目进展过程中出现问题，可以快速高效地帮助项目回到正轨。在项目出现重大改变时，该工具可为项目团队和管理层之间提供沟通的共同语言和对话机制。每逢偏差出现，团队都希望能尽快建立起一种处理异常的机制。解决之道正是该工具用途——协助团队尽快决策。

其他注意事项

在开始使用越界检查流程工具时，需要注意：不可一味责怪项目经理，也不可消极对待各种不好的消息。为了鼓励畅所欲言，管理层必须能够接受不同的声音，与团队一起努力将项目带回正轨。如果企业无法全面支持这种沟通机制，越界检查流程就无法发挥作用。

案例分析

一支跨职能产品团队正在负责 WebCo 企业新一代产品的研发工作。在项目审批及融资阶段,团队创建了如图 2-9 所示的项目边界条件。

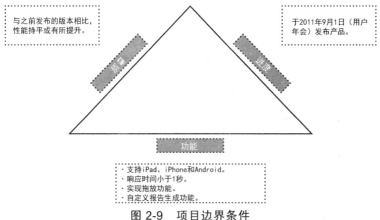

图 2-9 项目边界条件

在研发阶段,团队将早期的研发成果送至质量部门进行检测。结果显示,产品存在重大缺陷,其中涉及第三方供应商负责生产的某一组件。为了弥补缺陷并解决问题,团队需要第三方供应商的协助。但是,这个问题对第三方供应商而言,并不是首要问题,因而第三方供应商不会作出限期解决的承诺。而营销部门却认为,若是缺少此组件功能,产品就无法上市。项目经理和研发团队负责人发现,如果上述问题在 2 周内未得到解决,项目的功能边界或进度边界将会被打破。项目经理开始与研发团队负责人和产品经理一起讨论分析问题的根源,对备选方案进行评估,以及重新调整边界条件。

越界检查流程如下。

（1）描述越界情况及其对项目的影响。

团队发现某一第三方供应商组件存在致命缺陷。此组件对于产品的成功发布不可或缺，而计划的产品发布时间是在用户年会当日。在测试过的场景中，该缺陷出现的概率大约为 25%。但此问题对于组件第三方供应商而言并非头等大事，他们不会额外拿出资源来分析及解决此问题。此问题当前对项目的影响是，项目进度将延迟 4 至 6 周。

（2）备选方案。

a. 成立测试团队（老虎团队），复制产品功能，寻找弥补缺陷的解决方法；

b. 将功能分离出来，一边解决问题，一边同时继续其他研发工作；

c. 维持产品此模块的现有版本功能，待下一次更新发布再解决此问题；

d. 要求管理层介入，与第三方供应商进行交涉，促使第三方供应商重视此问题。

（3）建议。

a. 维持产品此模块的现有版本功能，待下一次更新发布再解决此问题；

b. 要求管理层介入，与第三方供应商进行交涉，促使第三方供应商重视此问题。

以用户视角定义漏洞优先级
漏洞管理模型
Bug Management Matrix

工具简述

漏洞管理模型之中包含一系列漏洞,并配以详细描述、影响后果以及优先级等信息。漏洞管理模型工具最重要也最新颖的部分,就是利用优先级来关注漏洞问题的解决。该工具与其他传统的漏洞分析系统的不同在于:①不再使用漏洞的严重等级;②着重于从用户影响的角度看待问题。

会直接导致项目立即崩溃的漏洞,称为"致命漏洞",也称"中断式漏洞",意即此漏洞的出现会中断产品上市进程。一般来说,中断式漏洞的严重等级非常高,优先级也非常高,因为它会对用户产生非常大的负面影响。但是,同时使用严重等级和优先级两种指标对漏洞进行衡量显得有些多余,会使简单的事情复杂化。而这两种指标值中,优先级要优于严重等级,因为优先级更侧重于漏洞对用户的影响,以及这种影响出现的频率。

上面的段落里我们讲述了优先级——这是漏洞管理模型中最为重要的内容。其他内容则是与用户体验(先例除外)相关的,包括用户对自身使用体验的描述、漏洞对用户的影响、影响出现的频率、漏洞对企业技术支持部门产生的影响等。

当企业完成产品质量测试、各部门对测试结果进行审查之后,可将漏洞管理模型作为首选工具对漏洞进行修复。这一过程一般由质检部门、项目管理层、产品管理团队和工程部门负责,有时客户服务部门也会参与其中。当前的最优实践做法是由产品管理团队负责整个过程,并最终决定优先解决哪种漏洞。工程部门和质检部门可就修复和校验漏洞提供意见,可以在一定程度上影响漏洞的优先级,但是最终还是要由产品管理团队做决定。产品管理团队会依据漏洞优先级、人员配置、问题解决难度等综合分析考虑,决定具体实践中优先解决哪种漏洞,以实现团队工作效率的最大化。

直观图示

如图 2-10 所示,企业利用漏洞管理模型工具按照优先级对漏洞进行排序。漏洞名称使用超链接,指向漏洞数据库。用户优先级的定义标准在图的下方作出了解释。问题概述、用户影响/用户体验描述都是从用户的角度出发的。影响发生频率指的是根据测试结果推断出问题可能发生的频率。先例则提供了类似漏洞的背景情况。表中最右一栏指出漏洞对技术支持部门(或其他技术支持工具)产生的预期后果影响。与其他漏洞修复工具相比,该模型的新颖之处在于,在整个漏洞修复过程中始终重视用户的意见。

下面列出了定义软件漏洞的用户优先级所常用的几种标准。

P1:对用户体验或品牌有重大影响,并会影响产品上市(例如,程序频繁崩溃、数据丢失、锁屏等)。

P2:对用户体验或品牌有较大影响,并会影响产品上市(例如,无解决方案的功能缺陷、程序有时崩溃、数据丢失等)。

P3:对用户体验或品牌有中等程度的影响,应该在产品发布之前修复(例如,存在解决方案的功能缺陷等)。

P4：对用户体验或品牌的影响有限，可在时间允许范围内修复（例如，化妆品的轻微颜色变化等）。

漏洞管理模型							
漏洞名称	用户优先级	问题概述	用户影响/用户体验描述	影响发生频率	先例	对技术支持部门的影响	
PRO_S1-136	P1	在音频录制阶段，一旦执行保存操作，就会间歇性崩溃	非常负面，可能造成数据丢失	10%	新出现的漏洞	软件一旦发布，后果极其严重，肯定会接到要求提供技术支持服务的电话	
PRO_S1-108	P1	音频录制开始的前四秒，会出现嘶嘶的噪音	很多甚至所有用户都会发现这一问题	100%	PRO_SO-512	对高级用户影响有限，但他们会在论坛上对此抱怨	
PRO_S1-118	P2	在调高或调低音量时，会出现咔嚓、砰砰的噪音	所有用户都会听到，但砰砰的噪音音量很小	100%	PRO_SO-335	影响有限	
PRO_S1-217	P2	Windows Vista用户在安装软件时需要断开USB连接	Windows 7用户不会遇到此问题，但Windows 7之前所有的Windows系统版本用户都会遇到	40%	新出现的漏洞	会接到电话，要求就软件安装过程提供技术支持	
PRO_S1-347	P3	在高音量的声音（压缩机回放）停止时，会出现嗖嗖的背景杂音	高级用户会发现，但可能不会有意见	5%	新出现的漏洞	影响有限或没有影响	
PRO_S1-318	P3	当用户太靠近话筒时，会出现噪音	实际中有时可能会出现此问题，但大部分用户会阅读弹出对话框的相关提示	25%	新出现的漏洞	放于"常见问题"页面，应该不会接到太多咨询电话	

图 2-10　漏洞管理模型

新颖之处

同时使用严重等级和优先级两种指标，容易使人混淆。漏洞管理模型工具为软件开发团队提供了管理漏洞的较为新鲜的方法，从用户的视角看待问题，避免使用严重等级等内部参数。因为在修复漏洞的过程中，相较之质检部门、工程部门来说，用户的意见更为重要。

工具优势

工具优势主要包括以下几个方面。

（1）十分关注用户体验，有助于企业生产出更好的产品。

（2）准确定位决策者的角色，从而减少了行政干预。

（3）由于团队将注意力放在了真正重要的事情上，资源利用率也一并得到了提高。

适用情形

企业需要具备一套高效的漏洞修复体系，才能生产出真正好的产品，最终从中获益。要记住，一切的一切都是为了服务用户。漏洞管理模型旨在从用户的视角审视产品中存在的漏洞，而修复、消除这些漏洞的过程也就是改善用户体验的过程。

在软件企业里，整个研发过程中最耗费时间的当属研发后期，以及产品上市前的早期测试阶段。任何一种能够确定工作优先级、促使团队关注最关键任务的流程，或者能够明确职责、加速决策的流程，都无疑会显著提高工作效率。漏洞修复周期具有重复性的本质，而这一本质会将流程的作用放大。将工作重心放在用户身上，同时加快决策过程，这样会缩短产品上市时间，并设计生产出更好的产品。

其他注意事项

产品管理团队必须成为用户的合格代理人——他们不能将自己的观点带入漏洞管理过程，而应该仔细研究分析用户的反应。工程部门和质检部门在评估漏洞优先级时也应该力求客观，不能过度偏向于考虑修复漏洞所花费的时长，以免影响漏洞优先级的排序。

案例分析

软件开发企业 WebCo 正面临着漏洞修复时间不断延长、漏洞优先级不断变化的巨大挑战。质检部门极为强势，将自身视作产品质量的守护者，认为任何缩短校验时间、缩小测试范围的举动都会导致实际情况的恶化、让企业名誉受损。工程部门也对漏洞的优先级排序持有明确意见。两个部门都自认掌握了实际情况，坚持己见，不肯让步。

首席执行官 Rajiv 无法忍受产品上市时间一再延误，认为整个研发过程已然不受控制。目前的问题在于，如果团队对漏洞进行重新排序，然后再重复进行"发现-修复-校验"流程的话，上市时间将会被延误数周。在综合考虑各部门的意见之后，Rajiv 意识到，真正重要的其实是用户的意见。

随后，企业简化了工作流程，不再使用严重等级评估漏洞优先级，并且给予了产品管理团队相关最终决定权。这项变革并没有立即在企业内部执行，因为领导层需要向工程部门和质检部门强调产品经理 Molly 的工作职权。但是，这项变革的好处却立竿见影，"发现-修复-校验"流程从以往的平均 10 个工作日缩短至 7 个工作日，验证测试阶段也从以往的 19 周缩短至 14 周多一点的时间。

第3章
执 行
Execution

定义

《韦氏词典》将**执行**定义为"表现的行为、方式或者结果"。从这个层面上讲,企业每天都在"执行"各种计划,无论计划是否正式,是书面的或是口头传达的。我们发现,经常有一些企业的产品研发部门整天忙忙碌碌,似乎任何时候都在努力"执行"计划,虽然做了大量工作,但却总是成效甚微。其实所谓执行，并非仅仅是尽快完成某项工作这么简单。本书所述的"执行"，是实现"卓越运营"，即以最有效的方式在正确的时间内完成正确的任务，以保证产品顺利且及时上市。

在提交给美国证券交易委员会的 S1 注册表中，马克·扎克伯格总结了自己管理 Facebook 的五个核心价值观，即注重影响、高速运营、有胆识、开诚布公和构建社会价值，其中四项完美地印证了执行的核心要素。Facebook 的首次公开募股（IPO）被认为是有史以来规模最大的一次，卓越的执行力是其成功的重要原因。

本章重要性

如果以加大创新力度并缩短产品上市时间为目标，那么提高执行力、实现卓越运营的关键在于拥有一支准备充分的团队。该团队必须掌握最好的工具，创建产品上市进度表并加以优化，高效开展工作，还要对项目进展情况进行监控和评估，（在必要时）尽快加以改进。如果一名经理总是给团队增加负担，制订计划时没有前瞻性，工作上分不清主次，那他必将拖累团队的前进步伐。

草率执行会有哪些坏处呢？它会导致工作无法按期完成（更别提要缩短工作周期了），产品无法按期上市；干扰领导层关于技术和设计的思路，影响产品设计工作，导致产品边缘化；最严重的是，最后推出的糟糕产品可能根本无法满足用户的需求。

应用实例

本章所提供的各种图形化工具,均来自于现实中的企业成功实践案例,有助于优化团队的执行力,帮助企业实现卓越运营。其中,前三节讲述的是如何利用团队成员的知识背景和以往的工作经验制定精确的产品研发进度表,以保证产品成功上市。第四节至第六节为企业提供清晰视图,以保证项目的健康运行。通过对将会出现的问题的提早预警,以及跟踪团队的真实进展情况,企业可以掌握各种数据,从而更快更好地作出决策。最后两节提供了帮助企业团队提高工作效率的工具,可以采集用户使用产品的相关数据,并指出哪些产品性能是用户最为看重的。

本章小节一览&工具清单

本章工具清单如表 3-1 所示。

表 3-1 工具清单

节 名	工 具
通过团队协作缩短项目周期	团队 PERT(计划评审技术)图
快速预估项目进度	简略版进度估计模型
准确预估项目进度	精确版进度估计模型
进度风险早期预警	进度预测准确性图
实时跟踪项目进程	任务燃尽图
管理交付速度	交付命中率走势图
职能内工作量优化	项目效率图
使用网络社区了解用户体验	社区产品需求图

通过团队协作缩短项目周期
团队 PERT（计划评审技术）图
Team PERT Chart

工具简述

团队 PERT 图是一种进度安排工具，通过生成进度表来帮助缩短产品上市周期。PERT 是英文 Program Evaluation and Review Technique 的首字母缩写，意为计划评审技术，也被称为 CPM（关键路径法）。这种方法的优势在于：可以显示出关键路径，即以最短时间完成项目的任务序列；项目经理通过减少关键路径上任务的时间来缩短整个项目周期。在制定进度表时，应该广泛听取团队成员的意见，以保证执行时得到各部门的肯定和支持。

团队成员以会议的形式坐在一起，共同制定进度表，用卡片来代表各项独立任务。首先，他们要对项目进行具体描述，把他们认为至关重要的任务写下来；然后，按照从左到右的顺序把所有的任务排列起来，制成一张网络图。这个过程不需要使用任何技术手段。如果任何两项重要任务之间的时间间隔超过两周，团队则需要对任务进行再分解、细化。在保证每项任务最长工期为两周之后，用箭头连接各项任务，在卡片上的任务名称下方注明完成任务所需的时间。

随着上述步骤的完成，团队也就确定了关键路径。之后，团队成员通力协作，讨论如何利用各种技术来缩短关键路径所需的时间。一旦进度表被成功压缩至最短时间周期，就可以将这些最新信息输入至项目管理软件中，以备日后应用。同时，将 PERT 图转换成甘特图也是十分方便的。甘特图是以图示的方式，通过任务列表和时间刻度形象地表示出任何特定项目的活动顺序与持续时间，因其易于更新，尤其适合对进度表进行追踪。而 PERT 图特别适合创建进度表，因其可以显示出各项独立的任务，把团队注意力集中在缩短关键路径上。

在预估完成每项任务所需的时间时，一般应该估算出三个时间值，即最短时间（O）、最长时间（P）和最可能持续时间（T），然后使用公式（O + 4 × T + P）/ 6 计算出任务所需的时间。此公式是由美国海军的相关研究发展而来的，是一种快速估算完成工作任务所需时间的方法，因为确定范围总是比选择一个单个数字更容易。

直观图示

团队 PERT 图适合从市场需求文档（MRD）至概念签入（管理层审批项目）的项目起步阶段。图 3-1 中的灰色点状线表示的是关键路径。文字下方的数字是完成各项任务（以周为单位）所需的时间——第一个数字是最短时间，其次是最可能持续时间，最后是最长时间。完成任务所需的预估时间就是以上三个数字的加权平均值。

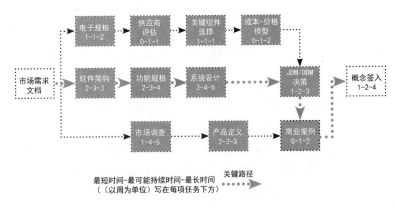

图 3-1 团队 PERT（计划评审技术）图

表 3-2 显示出了各项独立任务的预估时间，以及在此基础上计算得出的完成整个关键路径所需的时间。表中只列出了从市场需求文档（MRD）至概念签入的时间，而该项目其他部分需要额外 45 周的时间，所以项目的总持续时间为 60 周。

表 3-2 显示出各项独立任务的预估时间

任务名称	最短时间	最可能持续时间	最长时间	平均时间	关键路径
市场需求文档（MRD）					
电子规格	1	1	2	1.2	
供应商评估	0	1	1	0.8	
关键组件选择	1	1	1	1.0	
成本-价格模型	0	1	2	1.0	
JDM/ODM 决策	1	2	3	2.0	**2.0**
软件架构	2	3	3	2.8	**2.8**
功能规格	2	3	4	3.0	**3.0**

续表

任务名称	最短时间	最可能持续时间	最长时间	平均时间	关键路径
系统设计	3	4	6	4.2	**4.2**
市场调查	1	4	5	3.7	
产品定义	2	3	3	2.8	
商业案例	0	1	2	1.0	**1.0**
概念签入	1	2	4	2.2	**2.2**
总周数					**15.2**

新颖之处

当前企业经营管理的趋势是赋予团队更多权力，而团队PERT图恰好是让团队成员创建自己的进度表。不同于传统的自上而下、命令和控制的管理方式，这是一种自下而上的管理方式。

在构建团队 PERT 图的过程中，由于项目经理并未完全掌控整个进度安排的过程，所以团队成员应更好地参与其中，集思广益、通力协作。这是一种全新的、充满协作精神的背景环境，项目经理仍然主持项目实施大局，团队成员却不会被施加交付期限、成果方面的压力。因此，构建团队 PERT 图的过程，也成为所有团队成员各抒己见、充分表达个人观点的过程。

工具优势

工具优势主要包括以下几个方面。

（1）重点关注关键路径，以缩短项目周期总体时间。

（2）是一种快速创建进度表的方式。

(3)保证在制定项目各项任务以及进度表时充分听取各职能部门的意见,得到广泛认可。

(4)更加准确地预估完成各项任务所需的时间。

(5)无须使用各种复杂、价格昂贵的项目管理软件。

适用情形

团队 PERT 图之所以可以缩短产品上市时间,原因在于:其一,它让整个团队都能真正了解关键路径所在,从而帮助团队以更短的时间完成关键路径所需的工作;其二,赋予团队更多职权,方便团队对关键路径以外的各种任务灵活排序,保证各项工作任务齐头并进,达到缩短工期的效果。

由于在制定进度表时充分采纳了各职能部门的意见,团队 PERT 图使项目的可预见性大大提高,保证团队不会忽视任何一个重要环节。此外,进度表由所有团队成员共同协作完成,因而必将得到所有人的大力支持。由于整个项目被分解成众多项独立的任务,而每项任务的工期都不超过两周,这就要求对项目细节仔细斟酌,从而也使得整个项目的进展更加具有可预见性。

其他注意事项

要想创建一份高质量的进度表,需要整个团队倾注心血。整个项目被分割成诸多细小的独立任务,因此创建图表的过程中需要高度集中注意力,仔细琢磨。

只有让所有部门都参与创建进度表的过程，才能最大限度地发挥团队 PERT 图的作用。

进度表的准确程度，由团队成员的工作经验决定。因此，创建进度表时需要成员具有丰富的工作经验。如果团队成员在经验方面有所欠缺，则需要考虑从其他团队抽调经验丰富的人员来提供协助。

案例分析

为了完成某个重要订单，NetCo 企业计划发布其新一代产品。分管工程技术的执行副总裁 Bill 要求新产品在第四季度上市。项目管理办公室负责人 Richard 提出异议，认为由于缺乏明确的要求，无法对项目进度表进行预期。幸运的是，Bill 接受了他的建议，随后要求市场部主管将其最好的产品经理纳入该项目团队，并提交一份市场需求文档。在文档到手之后，Richard 立刻召集团队成员开会，群策群力制定了一份 PERT 进度表。

第一天（仅下午）

团队首先研究了市场需求文档，并对文档中提到的一些关键问题向产品经理求证、询问。在明确了目标之后，Richard 向团队展示了一些已经完成的类似项目的相关材料，以便团队对自己所需完成的工作有直观的认识。在研究企业产品研发流程的基础上，团队开始确定各项重要任务，而这些任务的数量是极其巨大的。所有成员先分别写出自己认为至关重要的任务，同时也在卡片上写下完成各项任务估计所需的最长、最短可能持续天数。

第二天（全天）

Richard 再次召集团队成员开会，让每个人将自己的卡片贴在板上，将内容交叉的多余任务卡片去掉，对剩余卡片进行汇总。之后，用箭头把各项任务连接起来，形成网络图。这个过程是查漏补缺的好机会，可以检验是否遗漏了一些重要内容，并对一些工期不符合要求的任务作进一步细化分解（使用公式（O + 4 × T + P）/ 6 计算工期）。在这份清晰材料的基础上，团队确定出关键路径，并以加粗的方式在板上进行标明，即得到前文提到的那份从市场需求文档至概念签入需要 15 周时间的图。

到了下午，整个团队分为几个小组进行头脑风暴，讨论如何缩短关键路径所需的时间。他们讨论出了许多解决方案，在达成共识后，将方案融合进网络图。讨论后的关键路径需要 12 周时间，这种优化调整也考虑了项目后续过程的工作，将整个项目周期压缩至 48 周的时间——这已经是保证进度表中多条路径不会相互冲突的最短周期。团队对调整后的进度表十分满意，对板上的所有卡片进行拍照，以便日后用在演示软件中。然后，Richard 开始着手制作甘特图。

最后的进度表高度优化，内容翔实，得到团队上下的认可，也顺利获得管理层批准，并被认为是有效缩短产品上市周期的最优成果。Bill 也感到非常满意，因为该进度表比项目初期他提出的 52 周计划时间更短。

快速预估项目进度

简略版进度估计模型
Lite Schedule Estimating Matrix
本节作者为 Wayne Mackey

工具简述

简略版进度估计模型是一种参数化工具，通过将工作经验与几个会影响项目进度的"少量而关键的"因素相结合，来对项目某一阶段所需时间总量进行估算。在该模型中，每个阶段一般包括 5~8 个输入量，根据一般所需时长、所涉及的技术复杂度来预估每个阶段所需的时长。

使用该模型具有双重意义：首先，可以提升缺乏经验的项目经理成功的可能；其次，有助于就项目进度与管理层进行沟通。该工具同时也可以替代自下而上的甘特图的使用（但我们建议，在绝大多数情形下，应该尽量同时使用两种工具）。

该模型基于电子表格，构建时可以将不同的阶段自上而下垂直排列，将预估时长、复杂程度等输入量按照自左向右水平排列。第一列是影响企业内部进度的一些关键驱动因素。关于哪些可以作为关键驱动因素，你可以向企业里那些资深的项目经理请教。例如，在软件开发项目里，关键驱动因素一般包括页数或画面数、接口数量、系统集成的复杂程度、自动化测试所占比例、地域数量等。第二列、第三列表示的是这些关键驱动因素的历史范围，按照从低到高排列（用数字或百分比标注）。第四列是对项目复杂度的预估。第五列则作为备注，以方便添加评论。该模型也以月作为单位，显示出项目每个阶段的历史范围。在完成项目某一阶段所有因素的预估之后，项目经理需要在大量数据的基础上，就此阶段所需时长提出自己的判断。

项目经理可以单独使用该模型,但如果能集合跨职能团队的共同力量完成预估,估计结果会更加准确。在处理复杂系统时,可能需要将整个项目分解为软件、硬件、配件等部门分别进行处理。在完成每个部分的预估后,负责各部分的项目经理需要将结果进行整合,以保证各项工作的同步进行。

直观图示

简略版进度估计模型如图 3-2 所示。

输入团队名称		输入项目名称	
阶段及驱动因素	历史范围	预估	数据、评论或解释
1. 概念阶段	1	6	输入月
关键驱动因素			
企业内首次使用=75%,领域内首次创新=100%	10%	100%	输入流程百分比
新接口数量	4	6	输入新接口
所需主要新技术数量	1	2	输入技术
对具体深厚技术经验的需求 vs. 相关途径	0%	100%	输入有途径百分比
计划可用资源 vs. 优化后可用资源	20%	100%	输入优化百分比
2. 设计阶段	1	14	输入月
关键驱动因素			
已完全定义接口占比	0%	100%	输入定义百分比
系统集成的相对复杂程度	0	20	输入新集成
重复使用的设计占比	0%	100%	输入重复使用百分比
新子供应商数量	0	7	输入新子供应商
对具体深厚技术经验的需求 vs. 相关途径	0%	100%	输入有途径百分比
计划可用资源 vs. 优化后可用资源	20%	100%	输入优化百分比
3. 研发阶段	1	10	输入月
关键驱动因素			
通过量化测试限制的规格占比	20%	100%	输入规格百分比
待验证子系统数量	1	20	输入子系统
研发末期自动化测试占比	10%	100%	输入覆盖代码百分比
迭代次数——由于规格严谨性和/或耦合设计采用蠕变	1	7	输入迭代
计划可用资源 vs. 优化后可用资源	20%	100%	输入优化百分比
4. 验证阶段	1	4	输入月
关键驱动因素			
输入硬件/软件组合的复杂程度	0%	100%	输入所涉及新硬件
目标地域数量	1	4	输入地域
上述地域是否获安全监管部门批准?	1	4	输入地域
案例验证速度预测	0%	100%	输入预测案例百分比

图 3-2 简略版进度估计模型

图 3-2 提供的是简略版进度估计模型的表格示例模板。你需要根据实际项目、驱动因素等情况进行调整。该表格示例模板适合为软件、硬件、配件等提供时长预估。其中,"阶段及驱动因素"列出了会影响时间进度的各种关键驱动因素;"历史范围"列出了之前项目的数据范围;"预估"一栏是空白的,方便使用者填入自己对项目所需时长的估算。你可以根据对多种驱动因素的相对复杂程度的主观印象,在每个项目阶段的最后一行输入预估总时长。

新颖之处

眼下,研发的速度已经达到了历史上前所未有的快速程度。Web 2.0 开发、智能手机应用程序等甚至可以实现每周发布更新。如此迅速的发布周期使得学习新知识变得更快捷,也能更好地提高进度估计的准确度。

一般来说,企业组织需要更快适应新技术,加快前进步伐。这不只是因为社会对拖延的容忍度越来越低,还是因为除了进度拖延外,设计和研发过程的延长意味着需要诸多部门投入更多的人力物力。因此,在很多领域提高标准的前提下(例如,当日速递、实时下载应用程序等),可预见性变得越来越重要。

工具优势

工具优势主要包括以下几个方面。

(1)企业能够从之前的进度表中总结经验教训,从而提高项目进度的可预见性。

（2）减少开发团队和管理层之间的分歧。

（3）随着企业效率的提高，该工具的价值也能越发得到彰显。

（4）是一种能够有效借鉴利用企业以往知识经验的强大的工具。

（5）该模型既直观清楚，又获得了众人认可，前后一致。

适用情形

从根本上讲，简略版进度估计模型是一种能够快速预估进度的方法。

其他注意事项

有几个因素会限制简略版进度估计模型方法的准确性。其中最重要的因素是，一旦设计模式发生变化，便可能缺乏正确的或足够的基准线。例如，如果企业组织刚刚开始使用敏捷软件开发方法，这意味着潜在流程发生了巨大变化，因此，将要从使用该方法的项目中收集一些新的历史数据。

另外一个因素是，对进度的估计是主观的，所以估计的质量取决于团队使用估计的技能。简略版进度估计模型的准确度虽然无法媲美顶尖项目经理，但却可以达到项目经理平均水平的两倍。

该模型的替代工具为精确版进度估计模型。后者能够提供更为准确的进度估计，但需要的工作量也更大。

案例分析

WebCo 企业的某一技术部门有大约 100 名员工。最近该部门的工作士气大受打击,因为在推动新产品上市的过程中,总是出现工期延误的情况。一月份,首席执行官要求团队制订计划,保证产品生产线能够满足在下一销售季来临时实现新产品发布。首席执行官将市场需求文档交给团队,并询问其是否能按期完成任务。放在以前,工程部门肯定会大包大揽应承下来,结果却(不幸地)总是无法按期完成。但这次,情况似乎有所不同。

在得到公司里很优秀并很有经验的项目经理和作为企业创始人之一的工程师的帮助后,部门决定制作简略版进度估计模型。他们收集过去三年上市产品的相关数据,(按照不同阶段)找出关键驱动因素,并按照以往的历史数据划出了日期范围。他们让其他几位项目经理将这组数据套用在一些之前的项目上进行测试。根据测试反馈,他们添加了一项关键驱动因素,即计划可用资源 vs.优化后可用资源,并对一些历史数据范围进行了修改。最后,他们将此进度估计模型应用在目标项目上,结果显示,在销售季到来时,他们只能完成项目的四分之三。在掌握了此预估数据和市场需求文档之后,项目团队便可以说服管理层放弃某些产品功能,以便能够按期完成产品发布。

结果比预想的更好。团队不但按期完成任务,避免了工期延误,而且节省了不必要的费用开销。

准确预估项目进度
精确版进度估计模型
Precise Schedule Estimating Matrix

工具简述

一个人过去的表现是他未来行为最好的预言。在缺少更多额外信息的情况下,充分利用历史估计,是开始新的估计的最好方式。精确版进度估计模型是一种参数化工具,将重要设计障碍的复杂程度按照 1 分至 5 分进行评估,然后作为输入量输入,从而得出大致的上市时间以及完成关键功能所需的人月数量。其基础算法是多元线性回归,通常用于统计学,在产品研发中很少使用。

多元线性回归是一种数学分析方法,通过对多种样本进行研究得出一组系数,输入一组变量来生成最符合的输出变量(在实验数据基础上生成的最接近实际的估计结果)。最简单的实例是,苹果手机应用程序的研发过程使用下面的公式来估计时间:

$$发布时间(单位为人日)= 1 \text{ 天} + 0.6 \times 屏数$$

因此,对于一款三屏应用程序而言,我们可以估计出其上市时间大约为 3 人日(实际上是 2.8 人日)。虽然这只是对研发某一款苹果手机应用程序大约需要的时间的一种估计,但是至少比没有任何历史根据的凭空想象要准确得多。

直观图示

图 3-3 是精确版进度估计模型的示例图。图中第一列是输入变量,包括软硬件复杂程度、设备速度和端口数量。右数第二列是回归输出量,用于估计出软硬件研发所需人月以及上市时间。范围(左数第二列)和输入估计量(左数第三列)两列代表的是标准复杂程度值,以及对项目复杂程度的相应评估值。使用该模型时,需要根据实际驱动因素、项目等情况进行调整。

驱动因素	范围	输入估计量	结果	单位
硬件复杂程度	1 = 外形变化 3 = 同芯片改进 5 = 新芯片	3	35	人月
软件复杂程度	3 = 增强主要功能 5 = 新平台	3	87	人月
速度	1 = 1G 3 = 10G 5 = 40G	1	22	人月
端口	1 = 16 2 = 24 3 = 32 4 = 64 5 = 128	2	45	人月
上市时间			16	月

图 3-3 精确版进度估计模型

新颖之处

精确版进度估计模型的新颖之处与前一节所述的简略版进度估计模型的类似,但由于其更多地借鉴了历史经验,因而时效性更强。

敏捷开发中有一种比较常见的方式是在用例时使用用户故事和归于点（即故事点）。所收集的某一故事点所需天数的历史数据可以作为线性回归的输入量。

在将项目实行离岸外包的时候，该工具可以用来分析生产力的提高，就项目离岸的价值提供客观、准确的解读。该工具标准化了离岸与否的两种不同企业组织的不同项目的复杂程度之间的比较，因此也方便于更准确地与以往项目进行比较。

外部环境和企业内部的变化使得进度估计更为重要。参数化进度估计很好地适应了这一新情况，它可以在历史数据的基础上快速计算出结果（不超过15分钟）。而且，经此得出的估计结果会比自下而上的甘特图更为准确，组织的讨论过程也更为理性。

工具优势

工具优势主要包括以下几个方面。

（1）提高了项目进度的可预见性。

（2）企业组织能够从以往项目进度经验中学习，作出更好、更客观的判断。

（3）减少团队与管理层估计进度时的分歧。

（4）可以依据基本信息开展工作，随着时间的推移逐渐提高准确性——随着方法论的使用更具效率，工具价值更为彰显。

（5）有效借鉴利用企业以往的知识经验。

（6）是一种获得众人认可的、前后一致的图形化进度估计模型工具。

（7）比其他不使用线性回归方法的估计工具更为准确。

适用情形

与简略版进度估计模型一样，精确版进度估计模型能够快速预估项目进度。

其他注意事项

精确版进度估计模型具有相对准确性。其准确性超出了项目经理的平均水平，也比没有使用线性回归方法的简略版进度估计模型（参见上一节）更高。但是，要想获得这种准确性，需要付出代价——由于精确版进度估计模型依赖于历史数据，企业组织必须收集整理各种项目数据（时间和跨度）以备使用。除此之外，数据库中还必须储备相当数量的项目（一般需要 30 个项目，尽管不足 30 个也可以进行进度估计工作），而且用来进行估计的平台或范例不能出现任何重大变化。

案例分析

NetCo 企业某技术部门有大约 200 名员工。他们依照粗略的对复杂程度的估计，使用简略版进度估计模型估计出一份进度表，但达不到目前所需要的准确程度。分管工程技术的执行副总裁 Bill 希望能借助历史数据对项目进度进行更加准确的估计。同时，Bill 还想要对企业生产力的发展情况有更多的了解。他计划按照复杂程度将项目进行标准化，看看最近花费 5 千美元购置的计算机辅助设计（CAD）工具是否有助于提高生产效率。他期望看到生产力发生巨大变化，同时需要一份比对不同项目复杂程度的分析报告。

Bill 要求项目管理办公室负责人 Richard 负责上述工作，并构建一种进度估计模型，以便日后使用。项目管理办公室的职能本就是负责追踪项目费用使用情况，以便计算工时，因此，让其负责人 Richard 牵头上述工作，是很合适的。为了完成分析工作，Richard 成立了一个小型团队，由他自己、一名懂得多元线性回归的研究人员、首席技术官三人组成。之所以如此配置团队，是因为首席技术官应该了解设计中有哪些因素会对资源和上市时间产生驱动作用。

首席技术官仔细研究了整个产品系列，并开始剖析其中的驱动因素。他发现，可能有四个因素决定了产品（企业版网络路由器）成败的八九成，分别是硬件设计的复杂程度（新研发，或是现有模型的衍生版本）、设备端口数量（16、24、32、64 或 128）、设备速度（1G、10G 或 40G）和嵌入软件的难易程度（使用 Linux 2.4 编写软件的复杂程度）。

针对每个驱动因素，首席技术官制定出下面的评分标准。

（1）硬件：1 分表示外形变化，3 分表示在同一芯片上作改进，5 分表示更换新芯片。

（2）软件：1分表示仅修复缺陷，3分表示增强主要功能，5分表示换用新平台。

（3）设备速度：1分表示1G的速度，3分表示10G的速度，5分表示40G的速度。

（4）设备端口数量：1分至5分分别表示16至128的端口数量。

另外，首席技术官还为各个驱动因素提供了案例，方便项目经理以此作为基准，提高预测估计的准确性（例如，软件复杂程度得分3分的产品与ZP2000、ZP2002、ZQ2000、ZQ2002等企业现有产品的类似）。

此项工作的主要目的是估计出所需软件、硬件工程师的数量，以及大致的上市时间。研究人员引入历史数据，运行了四变量的线性回归，得出三组输出变量。之后他们从研究使用的30种产品中选取了几种进行测试，结果显示，能达到一定的准确性（资源误差在10%以内，上市时间误差在15%以内）。

随后，NetCo企业将模型推广应用至项目管理办公室。现在，该模型已经成为研发流程中不可或缺的部分，还被用于预算制定、人力资源规划等方面。虽然就此断定此模型是成功的还为时尚早，但至少到目前为止，它为Bill提供了将研发生产力标准化的很好途径，也为管理层提供了估计上市时间的直观的工具。

进度风险早期预警
进度预测准确性图
Schedule Prediction Accuracy Chart

工具简述

当项目无法按期完成时，进度预测准确性图会预警。它可以帮助团队在问题发生之前对其进行预测，并提前采取干预措施。它是一种图形化工具，显示出按时间轴推进的一系列进度，同时突出强调项目的里程碑式成果是如何随着时间的推移而产生变化的。

进度预测准确性图的构建是通过散点图来完成的。图中的Y轴（纵轴）代表的是完成项目某一里程碑式成果的预期时间，而X轴（横轴）代表的则是当前对于里程碑式成果的预测（见图3-4）。为了达到较高的准确率，需要定期对此图进行更新（一般应该每周更新一次）。理想状态下，如果项目未受任何进度方面的影响，随着时间的推移，各里程碑式成果连接出的直线都是水平的；而当进度发生变化时，图上连接出的线条会向上倾斜。进度预测准确性图同时提供了"终点线"，即一条对角线，表示按照最初计划，项目应该完成各里程碑式成果的时间。借助模板，项目经理至多需要15分钟就可以完成图的更新。

进度预测准确性图的作用比传统甘特图的作用更大，原因在于：①保留了最初制订计划的记录；②将进度的各种延迟体现在图中；③随着时间的推移，对一系列进度估计进行追踪；

④直观显示出了未来里程碑式成果任务时间的压缩过程。

直观图示

图 3-4 所示的进度预测准确性图显示出了项目里程碑式成果预期出现的时间和当前对其进行预测之间的差距。纵轴表示的是预测出的里程碑出现的时间,而横轴体现的则是作出预测的时间。从图中我们可以看出,项目经历了三次延迟,图中标注出了延迟的原因。

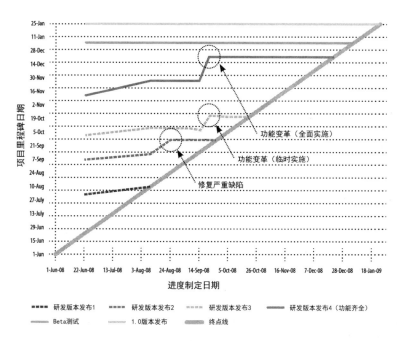

图 3-4　进度预测准确性图

新颖之处

在产品上市的过程中,有些延迟是完全可以避免的。它们会对企业产生重大影响,企业却常常疏于解决。仅寄希望于团队通过努力改变延迟状态的做法,通常不会有什么好的结果,而只会增添更多的混乱。进度预测准确性图可以就工期延迟进行早期预警。项目经理只需设定项目的关键里程碑式成果,构建完成此图表,之后,每次更新便只需要几分钟而已。

工具优势

工具优势主要包括以下几个方面。

(1)早期预警,帮助团队防止项目脱轨。

(2)方法简单、直接、有效,有助于快速决策。

(3)提供整个项目的全景视图,并重点标注进度中的重要变化。

(4)标明后期里程碑式成果任务时间的压缩情况,便于降低早期进度风险。

(5)加强项目经理问责制。

(6)将最初的项目计划纳入考量,认真对待进度预测。

适用情形

进度预测准确性图工具的最大优势在于,它可以在问题发生之前对其进行预测。

通过提前监测、消除项目风险,该工具可以有效加速产品的上市时间。

不同于其他图形化进度预测工具,该工具在最初项目计划的基础上搭建起了当前情形的框架,旨在更清楚地认识项目的真实运行状况是否健康。

其他注意事项

初上手使用进度预测准确性图的时候,需要学习如何构建、解读该工具。

很多企业组织依赖于使用传统的甘特图来熟悉如何管理、了解项目的现状。而进度预测准确性图采用的是一种新的框架,需要比较计划进度和实际进度的状况。

进度预测准确性图能够提供对项目整体运行情况的清晰的评价,并分析是否能够完成预期进度目标,但是,它并未强调是什么引起进度变化的根源。不过,成功运用该工具所生成的框架,是有利于对问题的根源进行分析的。

案例分析

CleanCo 企业正在全力筹备其首款产品的上市。上市时间对于该企业完成本年度的收益目标而言至关重要。在最终的 1.0 版本产品发布之前，企业的产品架构包含了多次研发版本发布任务。项目经理摒弃了传统的甘特图，转而使用进度预测准确性图，用来沟通了解团队成员的工作表现，从而更加清晰地了解项目的整体运行情况。企业高层每周都会收到项目信息常规更新，或在升级发生时随时按需获得信息。前面的示例图即显示出了该项目使用进度预测准确性图工具的情况。

在研发版本 2.0 发布之后，产品经理开始对 1.0 版本的功能进行重新评估。团队对其增加了一些新的功能，以保证产品的竞争力。为了确保 1.0 版本产品按期发布，团队决定从研发版本 3.0 发布至研发版本 4.0 发布逐步实现功能的改变。这样一来，两个研发版本都有足够的时间进行内测，最终的 1.0 版本产品也能够按期发布。

实时跟踪项目进程
任务燃尽图
Task Burn Down Chart

工具简述

任务燃尽图是一种应用敏捷开发方法的工具。敏捷开发的本质是将用户故事转化为运行代码,并在为期两周或更短的迭代周期中由客户代理对其进行测试。每进行一次这样的循环,便称为一次"冲刺";每次冲刺应使用尽可能多的用户案例/用户故事。随着团队完成每次冲刺,他们也完成了很多用户案例,再计划实行下一次冲刺,以推进项目的进展。在每天结束的时候,团队中的客户代表会对已经完成的用户案例进行统计,并将之从大纲中删除。通过这种做法,团队可以发现在冲刺过程中是如何快速燃尽所有用户案例的。

团队会列出某一冲刺阶段所需的用户案例清单,指出每周需要完成的用户案例数量。此清单,再加上总共的冲刺次数,便构成整个研发过程。为了估算某一特定研发工作所需的时长,项目经理会用每次冲刺中所包含的用户案例数量除以冲刺次数,得出的结果再乘以冲刺的时间跨度。但是,情况也会发生变化。每次冲刺过程中团队完成的用户案例数量可多可少,因而转化成的运行代码量也会发生或多或少的变化。任务燃尽图会利用实时项目数据,对项目完成的日期进行动态估算。

熟悉了敏捷开发方法之后,团队现在可以构建任务燃尽图的框架了。任务燃尽图是一种动态条形图，可以向团队和管理层展示项目进展情况。图中的纵轴表示团队在产品发布中使用的用户案例数量；横轴则表示冲刺的次数，可以看成是一种时间尺度。由于用户案例数量会发生变化，可以在横轴下方添加代表新增用户案例数量的图示。任务燃尽图比甘特图的意义更大，因为其纵轴表示的是用户案例数量，可以体现出已经完成的工作和尚未完成的工作情况；而甘特图只包含进度信息，不包含工作情况。

以起始阶段用户案例总数量为起点，随着时间的推移，团队可以绘制出一条目标线。而基于横轴下方的新增用户案例数量，团队可以绘制出另外一条目标线。两条目标线交汇处所对应的就是团队完成项目时的冲刺次数。

为了实现效益最大化，团队应该制作一张任务燃尽图的大幅海报，并张贴在办公室里。

直观图示

图 3-5 是一个任务燃尽图示例。纵轴表示的是一次冲刺内所包含的故事点（用户案例）数量；横轴则表示的是冲刺的次数，相当于一种时间尺度。如图 3-5 所示，你能够发现技术部门在执行社交媒体战略时并没有走直线，因为在第三次冲刺时，增加了新的故事点。这种变化是获得了管理层的认可批准的，其结果符合甚至超出了管理层的预期，因为在项目后期，他们增加使用了一些人力资源部门提供的用户案例，从而使所研发出的系统更贴合用户需求。

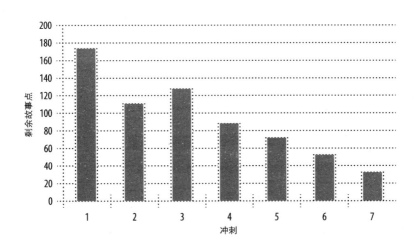

图 3-5 任务燃尽图

新颖之处

从某种程度上说,软件开发已经从瀑布模型转移至敏捷开发,两者的区别在于瀑布模型的两个不同阶段之间存在着明显的界限,而敏捷开发则是迭代的。在敏捷开发中,团队需要多次重复开发循环周期(构建-整合-测试),以积聚用户案例数量。追踪每次构建中所完成的用户案例数量是一种趋势化的尝试,可将很多成功实践案例整合到一个方便快捷的系统中,让管理层可以查看开发进展,让原先不可见的案例变得清晰可见。

工具优势

工具优势主要包括以下几个方面。

（1）更加关注用户利益，纵轴表示用户案例数量，团队在考虑用户影响的前提下作出权衡抉择。

（2）按照预测指标的成功实践案例开展工作，保证团队在项目早期步入正轨。

（3）用容易理解的图形化方式表现，让团队成员清楚了解目前项目的进度以及剩余的工作。

（4）体现出团队已经完成的实际工作，是工作进度的真实衡量。

适用情形

任务燃尽图的最大优势在于，它能使项目和管理团队始终注重产品研发的重中之重——用最快、最创新的方式交付出用户最需要的功能性产品。

同时，该工具也支持创新，因为它允许团队在研发过程中添加新功能。

其他注意事项

决定项目成败的关键因素有很多，但最重要的一步是收集合适的、正确的用户案例。如果无法准确收集各种需求，那么项目注定无法获得成功。

另外，在执行过程中，用户案例可能会被淡化，导致冲刺中无法完整传递所有的功能需求。拥有一名优秀的客户代表作为团队成员，可以最大幅度地降低这种不良影响。

对任务燃尽图进行信息更新的工作量较大。因此，此项任务需要指定一名团队成员负责，以保证准确并按期更新敏捷指标。

案例分析

WebCo 企业的技术部门与其技术合作伙伴一道，正在开发一种全新的社交媒体战略系统，计划在企业范围内进行试点并推广。双方同意使用敏捷开发方法，并派出各自的人员组成开发团队。团队计划，每次冲刺为期两周，争取用八次冲刺完成整个项目。

在过去，管理层使用瀑布模型，由于经常出现各种异常状况，使得他们无法正确了解项目的进展情况。但这次，他们使用敏捷开发方法，从项目的起步阶段就运用任务燃尽图开始提供指导。这种方法促使业务分析师在项目初始就必须清晰识别大部分用户案例/用户故事，而以往，管理层常常草率完成这项工作，直到试点阶段才发现需求是不完整的。

借助任务燃尽图展示项目进展状况，管理层得以实施最初制订的计划，并清晰发现第三次冲刺时用户案例数量是如何蹿升的。这使得管理层在试点过程中途对项目进行了再次审核，并重新调整预期。结果是：所研发的系统更加完善，交付日期也在管理层可以接受的范围之内。

管理交付速度

交付命中率走势图
Deliverable Hit Rate Chart

工具简述

交付命中率走势图是一种高级图形化工具，用于监控随着时间的推移项目中已完成任务与计划完成任务的对应情况。它尤其适用于复杂项目中包含多项任务的情形，能够指出交付命中率是否符合项目预期，能否保证项目按期完成。

在构建交付命中率走势图的时候，可以按照项目时间跨度将完成项目所需的所有任务进行分组（一般以月为单位）。在每个月结束时，标注已经完成的任务数量，并与计划完成的任务数量进行对比，通过更新的信息绘制线型图来指明实际交付命中率。

直观图示

在图 3-6 所示的交付命中率走势图中，纵轴表示的是项目的所有任务数量，横轴则是根据项目进度而制定的时间跨度（此例以月为单位）。通过图 3-6 可以看出，团队在起步阶段表现良好，然后渐渐落后。交付命中率走势图将目标与实际完成的任务进行对比，加上通过从工作分解结构中补充的更多细节，可以制订出计划，帮助团队重回正轨，完成七月的交付任务。

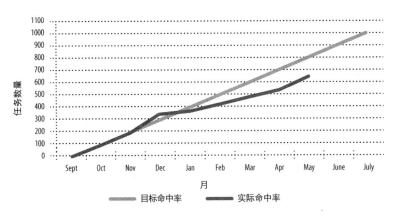

图 3-6 交付命中率走势图

新颖之处

交付命中率走势图工具可以帮助项目经理了解所有细节,准确了解团队目前的工作效率及速度是否能够保证按期完成项目交付。与任务燃尽图一样,该工具也能体现出实际任务与计划任务之间的对比关系。

工具优势

工具优势主要包括以下几个方面。

(1)交付命中率走势图是一种高级快照式工具,可以显示出大型项目是否能够按期完成交付。

(2)构图容易,当团队执行不力(未完成计划任务量)时会提早预警,促使团队尽快作出调整,保证工作重回正轨。

（3）将大量数据转化为图形显示，易于解读，方便沟通。

适用情形

与任务燃尽图一样，交付命中率走势图也能体现出实际任务与计划任务之间的对比关系，使得软件开发过程变得清晰可见。

其他注意事项

交付命中率走势图可以体现出完成任务的速度，却无法体现不同任务的大小区别。因此，要使该工具发挥最大的作用，任务必须分解得相对较小、数量众多、大小基本类似。

案例分析

目前，NetCo 企业正在进行一项新产品上市工作，需要 13 个团队的通力协作，共有 60 名员工参与其中。项目经理 Richard 构建了一张巨大的工作分解结构图，将整个项目分解成若干项细小任务（每项任务工时均不超过 40 小时），并包含了里程碑式成果、相互依赖关系、资源等信息。除管理工作分解结构外，他还要管理有关团队工作进展情况的信息，对其按月进行更新。为了全面深入了解计划执行情况，他构建了交付命中率走势图。从图 3-6 中可以看出，团队从一月开始就未能完成目标，因而，他们计划在五月进行一次设计评审，促使项目回归正轨。

职能内工作量优化

项目效率图
Project Efficiency Chart

工具简述

项目效率图是在人均项目数量的基础上,对某一项目团队所拥有的可供使用的、能够提供有效产出(能够创造价值)的时间总量进行估算。

应用项目效率图,需要统计每个职能部门(工程技术、用户交互设计、项目管理等)目前正在从事的所有项目的数量,无论项目大小。如果有些极小项目仅占员工个人工作时间的1%~5%,则可以将它们集中归为一个"小型集合",将这个集合视为占用员工个人工作时间 10%~20% 的 1 个项目。一般来说,人均项目数量大致在 1 个到 7 个的区间内。然后,构建一个柱形图,分别找出某一职能部门手头有 1 个项目、2 个项目一直到 7 个项目的员工的数量,将得出的结果除以部门员工总数,得出一个百分比的分配情况。

之后,可以将这个柱形图插入项目效率图中,用来对企业各职能部门的平均增值贡献率进行预测。在参考这个图的结果后(通常情况下,净生产力的低下会让人感到震惊),企业组织可以重新审视项目任务清单,将其按照优先级重新排序,推迟一些目前正在进行的项目。虽然这样做会减少当前的项目数量,但企业组织的实际产出会得到提升。

进一步研究表明,在工程技术人员能够创造价值的有效工作时间和其参与的并行项目数量(1~7)之间存在着一条曲线,其峰值出现在项目数量为 1 个或 2 个的时候,这时一名工程技术人员的有效工作时间可以达到 65%(见图 3-7)。[1, 2]项目效率图工具同样适用于其他产品开发部门。

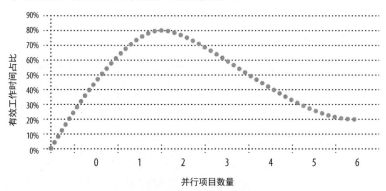

图 3-7　有效工作时间与并行项目数量的图形化关系

图 3-7 体现的是能够创造价值的有效工作时间(直接花费在项目上的时间)和并行项目数量之间的图形化关系。

直观图示

图 3-8 所示的项目效率图体现出了在同时处理太多项目时,团队的生产力会受到何种程度的负面影响。图中的点状曲线所对应的纵轴,表示员工有效工作时间占其总体工作时间的百分比;横轴表示的则是该员工同时处理的项目数量。图中的柱形

---

[1] 出自《革命性的产品研发》一书,作者 Steven Wheelwright 和 Kim Clark,自由出版社 2011 年出版。
[2] 出自美国管理期刊《IEEE Transactions on Engineering Management》1986 年文章《Organizational Systems Barriers to Engineering Effectiveness》,作者 Jeffrey Liker 和 Walton Hancock。

图体现的是同时处理某一数量项目的员工比例。从图中可以看出，团队大部分员工需要同时处理 3 个甚至更多的项目，其有效工作时间占比在大多数情况下不超过 60%，在加权平均后，有效工作时间占比平均值仅为 58%。而当企业将并行项目数量从 7 个减至 5 个以后，有效工作时间上升到 65% 甚至以上。

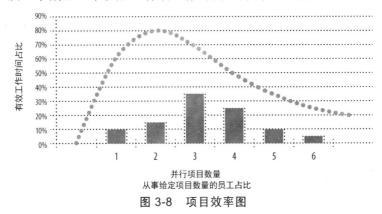

图 3-8　项目效率图

新颖之处

员工负荷项目数量过多并不是一件新鲜事，尤其是在 SaaS（软件即服务）和 Web 2.0 开发让企业能够每天推出新版本的时候，大多数主管总是希望通过布置更多任务、让团队完成任务清单上更多优先工作来实现资源优化利用，以满足管理层的严格要求。但是，这种做法是严重错误的（并且，随着研发速度的提高，会更加错误），在逻辑上行不通。它既无法提高生产效率，也无法提高生产量。

为了实现效率最大化，每名团队成员（工程技术、项目管理）一般应该同时处理一大一小两个项目。

工具优势

工具优势主要包括以下几个方面。

（1）将员工负荷项目数量过多的情形以图形化的方式表现出来，引起大多数无法发觉其负面影响的项目经理的注意。

（2）显示出哪些职能部门负担过重（注意：要实现加速创新、缩短上市时间的目标，"多多"其实并不益善）。

（3）帮助管理层将工作量标准化，以实现效率最大化，增强团队士气。

（4）采用具有外部效度的成功实践案例指标。

适用情形

很明显，大多数企业组织正在尝试如何发挥其员工的最大效能。对于主管（尤其是管理层）而言，他们更倾向于布置团队以过量任务的做法。但是，这种做法是错误的。

项目效率图的作用在于，它有助于项目经理真正实现产品研发产能的最大化。

其他注意事项

使用项目效率图时，需要注意以下两点：一是项目的复杂程度各有差别，如果项目过于简单，这种估算方法就会失去其作用；二是有些团队成员希望能够同时处理多于一个项目的工作，因此在使用该工具时需要考虑到个人的能力。

案例分析

WebCo 是一家拥有 200 名左右员工的企业。由于项目不断延期，目前 WebCo 企业士气严重受挫。经分析发现，问题的根源并非那些常见的原因（产品定义发生变化、项目经理人数不足、技术风险过多，等等）。很多工程技术人员都在抱怨，说自己为了达到管理层的要求不得不夜以继日地工作，以及参加一些与项目无关的会议。

分管工程技术的副总裁在企业内部进行了一次查点、汇总，将目前正在进行的项目数量（包括流程改进、降低成本的管理措施等）与人员参与项目情况进行了整理，如表 3-3 所示。

表 3-3 管理项目数量与人员比例汇总表

管理项目数量	人员比例
1	10%
2	15%
3	35%
4	25%
5	10%
6	5%

副总裁将此材料提交给管理层，要求其就项目优先级重新排序，并从任务清单上永久划掉 2 个项目。同时，他还组建了一支特殊的项目团队，将企业里面 7 个无人问津的小型项目打包交给他们处理。该特殊项目团队的负责人采用了相同的理念（项目效率图）来处理此 7 个项目的组合，将工作重点放在其中一部分上，以求得到高速度、高产出。上述举动使得企业人均处理项目数量下降为 2 个甚至更少。但在两个月的时间内，管理层可以看到团队交付出更多的工作进展成果。

使用网络社区了解用户体验
社区产品需求图
Community Product Requirements Chart

工具简述

社区产品需求图由重叠的柱形图组成，用来汇总（按照类别）、组织和区分（按照正面评价和负面评价）用户输入信息。该工具使用并扩展了"顾客之声"和对互联网社群进行情景调查的方法，收集用户在其使用环境中表现出来的想法和需求。使用该工具的目的在于反映用户的真实想法，以及提供创新的机会。借助网络社区、多媒体等手段，便可以收集到用户使用环境等相关信息，而无须另外花费人力物力对用户进行当面调查。

该工具既可以提升现有产品性能，也可以用于新产品的设计和研发。下列几个步骤可以增加产品的创新性。

（1）定义期望输出信息的目标。在与用户（或潜在用户）建立联系、要求他们参与时，准确定义范围是十分重要的。该工具可以帮助你更好地了解用户是如何使用产品的。如果无法准确定义范围，就会产生大量数据，让人手足无措。一般目标范围包括工业设计、包装、易用性，等等。

（2）定义参与用户的资格。倾听最符合要求的用户的声音，才会产生最好的效果。一些基本用户资格筛查的条件包括：早期使用者、不满意的用户、正在使用其他同类产品的潜在用户等。

（3）创建用于分享的公共网络空间。如果你刚刚接触产品研发中的社交协作解决方案，而其他部门（如营销、客户服务部门等）已经建立了网络社区论坛，则可以有效利用这些现有的资源。如果用户已经通过社交媒体与企业建立了对话，则更应该好好利用这种关系。社交协作解决方案的关键价值之一在于，不同参与者之间会产生交叉沟通的现象，而这种交流会产生比企业和用户之间的双向沟通更为丰富、有用的数据。

（4）邀请用户参与某一具有时限性的活动（理想状态为两三天以上）。请其签署保密协议，并向其说明参与活动的好处。

（5）要求用户分享其使用产品的图片，同时提供文字评价，以真实反映产品的使用情况。

（6）鼓励参与者之间相互交流。

（7）在活动尾声，对数据进行汇总，总结出产品功能开发的重点方向，即具有较高用户价值的方向。

（8）将社区产品需求图，包括图片和文字数据，作为产品需求流程的原始材料。

直观图示

图 3-9 所示的社区产品需求图，表现出某用户社区的输入信息的汇总情况。纵轴上的数字是正面评价和负面评价的反馈数量。横轴则是按照类别将输入信息进行重新组织，并在底部加注数据信息。底部的数据（参见本节"案例分析"部分）指明了对于目标用户而言，哪些产品性能和功能是他们最为看重的。

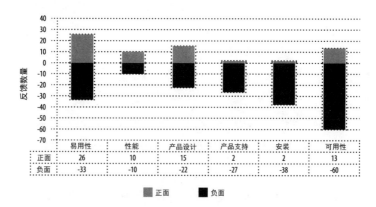

图 3-9 社区产品需求图

新颖之处

社交协作解决方案已经成为团队分享信息、驱动决策的重要工具。研究显示，目前有 14% 的企业在使用此类工具，而 80% 的企业计划在未来两年内使用[3]。越早使用此类工具的企业越具有竞争优势，因为他们能够更好地了解用户的真实需求。

工具优势

工具优势主要包括以下几个方面。

（1）保证所研发的产品具有较高的用户价值。

---

[3] 出自 Babson Executive Education 和 Mzinga 所做调查 Social Software in Business Survey，可参考网址：http://www.mzinga.com/communities/resources.asp?pagen=1（本书作者于 2011 年 11 月访问）。

（2）参考用户需求,加速决策过程,节省时间。

（3）避免在用户价值较低的功能上浪费时间。

（4）为产品提供早期的用户支持。

（5）社区产品需求图是传统的"顾客之声"和情景调查方法的有效替代。

适用情形

社区产品需求图通过在网络社区环境中收集用户意见及需求,促使生成极富创意的新产品的设计方案。与调研、焦点小组等方法相比,它更为快捷、经济实惠,内容也更为丰富。

其他注意事项

很多企业在使用社区产品需求图时会产生退缩之意,因为他们怕惹上知识产权方面的麻烦。这个问题需要引起注意,但是,它并非不可解决——宝洁等企业在处理知识产权所有权方面就有很多成功的经验[4]。

使用社区产品需求图工具的过程需要合适数量以及合适人群的用户参与。选择社群时也要多加小心,应该选择那些用户输入信息质量较高、能够加速决策进程的网络社区。

---

[4] 出自《哈佛商业评论》2006年3月文章《Connect and Develop: Inside Proctor & Gamble's New Model for Innovation》,作者 Larry Huston 和 Nabil Sakkab。

案例分析

NetCo 企业已经决定将其网络产品供应扩大到消费者市场。虽然他们可以利用自身在企业市场中积累的专业知识，但是他们也已清楚地认识到，消费者市场这个新市场有着其独特的机遇与风险。同时，他们知道，如果项目在起步阶段不能步入正轨，则会严重影响 NetCo 企业新业务线收益目标的实现，支持成本也将随之大幅提高。负责工程技术的执行副总裁 Bill 希望在第一代产品上市时，就提供最好的用户体验。

NetCo 企业运用社交解决方案与现有用户保持着良好的沟通，Bill 想要利用这一优势，在研发过程起步阶段掌握好的用户使用数据。因此，Bill 要求产品经理 Sarah 创建一个新的网络社区，邀请潜在用户参与其中，请他们就现有网络产品的利弊提供反馈意见。

Sarah 调查了其竞争对手企业的用户论坛，发现他们的网络产品都面临着各种困难。通过这次调查，她找到了 100 名同意适合加入 NetCo 企业网络社区的潜在用户。然后，她创建了一个具有时限性（3 天）的论坛，要求参与者将他们使用现有网络产品的图片发布其中，鼓励他们就产品的利弊提出自己的见解，以及对其他参与者的意见进行评论。虽然该社区由 Sarah 主管，她同时也邀请了设计团队的重要成员参与进来，以便实时了解用户的反馈意见。

在收集该论坛中各种图片、文字、数据之后，Sarah 进行了总结归纳，并构建了一份社区产品需求分类概述表，如表 3-4

所示。表中,她对每一份用户原始数据进行编号,按照反馈的类型进行归类,并将原始数据评分为正面、负面两种,同时还留心整理出每一条链接,以便在企业内部 wiki 平台上能够直接点击观看图片。基于表 3-4,Sarah 构建了社区产品需求图。表 3-4 即是社区产品需求分类概述表的简化版。一般来说,可以从社区论坛收集到 200~300 份原始数据。

表 3-4 社区产品需求分类概述(简化版)

图片	用户 ID	用户输入信息	类别	评分
photo1.jpg	45	蓝光播放器连接无线网络时出现故障	易用性	
photo2.jpg	13	每次玩《魔兽世界》时,使用无线网络连接互联网就会出现故障。路由器崩溃,所有连接中断	易用性	
photo3.jpg	93	状态灯太亮了。把设备放在卧室里时,状态灯会照亮整个房间	产品设计	
photo4.jpg	81	安装过程不够简便。每次使用 CD 安装总是无法完成,检测程序不停弹出"无法连接互联网"的提示	安装	
photo5.jpg	17	升级路由器后,一切记录都被清除掉了。连密码都不认了	可用性	

汇总之后,就可以使用上述数据构建社区产品需求图(如本节"直观图示"所示图)了。

第 4 章
组 织
Organization

定义

组织一词最经典的定义来自 Wayne F. Cascio[1]，他认为**组织**是"为了完成某项特定的工作而相互协作的一群人的统称，他

---

[1] 参见 Wayne F. Cascio 所著《Managing Human Resources: Productivity, Quality of Work Life》。

们增加商品或服务的价值和实用性，以满足特定客户或消费者的需求"。这一定义可以延伸，将沟通、评估和奖励、人员聘用、产品研发、绩效管理等方面涵盖其中。但是本章所讲述的组织，是为完成某项工作而聚集在一起的人的统称，以及他们是如何相互影响，并影响组织以外其他人的。

本章重要性

毫无疑问，人本身，以及人与人之间的关系，对于创新来说都是至关重要的。

这里有一个问题：在你看来，优秀、高产的工程技术人员与一般工程技术人员之间，会有多大差距？答案会让你吃惊——很多组织都发现，优秀工程技术人员的工作效率是一般工程技术人员的 10 倍甚至 100 倍。

无论你是否承认你所处的企业组织内部也存在这个惊人的数字，个体之间的确无可辩驳地存在着巨大的差距。现在从另一个角度来思考一下，作为管理者的你是否曾经专门拿出时间来处理团队中的"害群之马"？虽然有的员工技术过硬，但如果他不能与团队其他人相处融洽，那么他必将干扰工作的正常进展。

我们发现，项目团队内部组织、将整个团队包围其中的组织（包括管理接口）和大的外部环境（包括其他部门、单位，以及企业组织以外的客户、合作方等）对产品研发的效率有着重要的影响。本章将提供在以上三个方面优化组织效用的相关工具，通过明确"谁"从事"何种"工作来提高团队效率。随后的章节中将列出一系列方法，帮助研发团队应对管理层和相邻的组织部门。最后，我们还将讨论与社交网络技术相关的新话题，旨在提升创新度。

应用实例

本章前两节讲述的是如何使用圆圈点图作出决策，以及使用项目团队轮盘组建自己的团队。如果并未确定由谁负责最高级别的交付任务，则可以在项目起步阶段使用以上两种工具。在项目初期使用项目团队轮盘工具，可以保证整个团队结构清晰、权责明确、功能完备。第三节所述的人员比例模型可以通过在关键职能部门之间平衡比例，完成人员的最优配置，避免负担过重。

在分析阻碍项目进展的组织内部障碍时，第四、五两节所述的工具非常有用。态度影响图有助于产品开发者和变革管理者更好地了解谁是项目前进道路上的"绊脚石"，以及如何解决此问题。而当企业准备推出全新系统，需要准确了解变革会带来的后果和影响时，可以应用变革影响模型，对变革进行管理。变革影响模型尤其适用于当你怀疑管理层和企业组织内部权力政治斗争会影响项目进展时。

最后两节，社会创新准备度记分卡可以测量企业组织是否已经具备使用社交技术新手段来增加创新度的条件。如果你有幸已经开始运用这些手段，并有了一些初步行动计划，社会创新成熟度记分卡提供与社会创新的成功实现紧密相关的 10 项关键要素/类别，可以测量企业组织在此 10 项关键要素/类别方面的表现如何。

本章小节一览&工具清单

工具清单如表 4-1 所示。

表 4-1　工具清单

节　名	工　具
明晰各项权责	圆圈点图
确保项目团队拥有正确的人员配置	项目团队轮盘
跨职能工作量优化	人员比例模型
消除政治路障	态度影响图
理解变革后果	变革影响模型
应用社群进行产品创新	社会创新准备度记分卡
改善社群，促进社会创新	社会创新成熟度记分卡

明晰各项权责
圆圈点图
Circle Dot Chart

工具简述

你所管理的项目中是否曾经出现某一交付任务的负责人不够明确的情况，等发现时为时已晚？圆圈点图（也称责任矩阵[2]）工具可以很好地解决这个问题。圆圈点图工具模型框架内有一系列以直线相连接的圆圈，横轴表示关键的交付任务，纵轴则表示跨职能团队的重要成员（或是重要角色）。圆圈点图由直线和圆圈组成，直线代表的是进展中的各项任务，任务交汇处的圆圈则表示该任务由哪个职能部门负责。具体来说，空心圆圈表示某一职能部门参与该项任务之中；而实心圆圈则表示该项交付任务由直接责任人（DRI）负责，当然，直接责任人应该了解并且同意对该项任务负责。若某项任务在某一职能区域中没有圆圈，则表明该职能部门并不参与此项任务。

为项目创建圆圈点图的过程非常具有启发性。首先，项目经理要制作一张草图，与团队成员开会讨论，从项目计划中找出 5~15 项重要任务，将其按照时间先后顺序排列于图的顶部。

---

[2] 出自文章《The Responsibility Matrix (Circle Dot Chart)》，作者 Ron LeFleur，可参考网址：http://www.ttoolboxes.ca/blog/index.cfm/2008/10/18/The-Responsibility-Matrix-Circle-Dot-Chart（本书作者于 2011 年 11 月访问）。

然后，再罗列出所有对交付项目负有责任的职能部门。需要注意的是，参与任务和全权负责是不同的。参与某项任务的职能部门用空心圆圈表示；而对某项任务全权负责则是用实心圆圈表示。所有的任务都必须有也只能有一个直接责任人。

团队需要在项目早期对圆圈点图进行检查审核。审核结束时，各部门代表签字确认自己部门所承担的任务。建议将签字后的圆圈点图妥善保管，以备日后使用。当有重要任务亟须交付时，可以通过这份文件快速找出责任人。更重要的是，这份文件应该实时更新，一旦责任人发生变化，就必须立刻随之更新该图内容。

圆圈点图工具的最大价值，其实在于团队集中讨论、审核，并就交付任务的相关责任人达成共识的过程。

直观图示

圆圈点图能够体现出每项重要交付任务的直接责任人和参与者，如图 4-1 所示。图中的纵轴指明重要的跨职能团队成员，横轴则标出项目各项重要的交付任务，有利于整个团队对某一重要交付任务的负责人是谁、参与者有哪些有清楚的认识。如图 4-1 所示，由于业务流程使用者、变革经理、财务和销售并未参与核心交付任务，因此他们并非核心团队成员，仅在需要时提供帮助；而培训主管在项目后期会成为核心团队成员。

第 4 章 组织 | 175

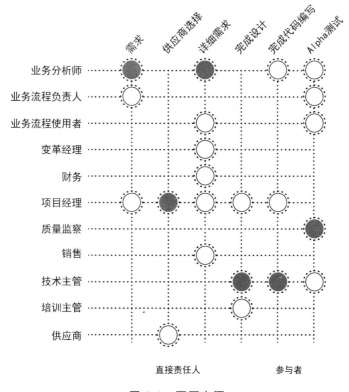

图 4-1 圆圈点图

新颖之处

圆圈点图工具对任何一支团队而言都极为有效，尤其适合跨国团队。圆圈点图工具使得团队成员之间权责清晰，没有时差、距离、语言、文化等方面的差异，因此对于日益壮大的全球外包研发团队特别有帮助。

工具优势

工具优势主要包括以下几个方面。

（1）清楚直观地标明了每位成员的职责和角色。

（2）明确每位成员需要负责的工作，避免在交付任务分配上出现任何遗漏。

（3）防止两位成员所从事的工作重叠，从而避免了浪费。

（4）在项目开始阶段，帮助团队成员在各自角色上达成共识。

适用情形

除了需求不明确外，权责不明是导致项目延误的另一个主要因素。圆圈点图将重要的交付任务直接分配至各职能部门成员，从而有效避免了延误发生。

其他注意事项

当项目规模特别大或特别小时，你需要根据实际情况调整圆圈点图工具，以符合任务的实际大小。在处理大型项目时，可以制作两种不同等级的圆圈点图：一份整体图以及一些子项目图。例如，在处理平台项目时，可以分别制作涵盖网络、客户和设备的三份子项目图和一份整体图（共计四份图）。

有些时候，仅用不参与、参与和责任人三种区分角色是不够的，还需要添加"批准"、"咨询"等角色，以便更清楚地明确任务及权责。这里可以借鉴一种被称为"CAIRO"（英文Consults、Approves、Involved、Responsible、Off 的首字母缩写）的相关技术，其代表的正是咨询、批准、参与、负责、不参与等五种角色。

案例分析

为了推进一套由产品生命周期管理（PLM）软件支持的新产品流程尽快到位，NetCo 企业组建了一支跨职能研发团队。他们制定了项目章程、项目计划，确定了项目经理、业务分析师、业务流程负责人、业务流程使用者、变革经理、质量监察、财务、销售、技术主管、培训主管等角色人选，以及一支外部咨询团队来承担项目实施工作和 PLM 软件调整工作。项目经理首当其冲对项目计划和进度表进行了修改，调整确定出新的项目计划、关键交付任务和里程碑式成果，其中包括需求、供应商选择、详细需求、完成设计、完成代码编写、Alpha 测试、上线、测试、培训、验视回顾，等等。

项目经理制作了一份较为简易的圆圈点图草图，交由团队（供应商除外）在例会上讨论，并以视频电话的方式与其他地点的相关人员讨论。项目经理和技术主管达成一致，认为应该调整修改代表"供应商选择"和"完成代码编写"的圆圈。之后，他们将这份图表发布在团队 wiki 平台上。

确保项目团队拥有正确的人员配置
项目团队轮盘
Project Team Wheel

工具简述

项目团队轮盘是一款分析工具,用来清楚界定团队领导力、关键职能,以及具体负责这些职能的团队成员。从工具名称可以看出,这是一款指明分配至项目中的各种职能资源的图形化工具,由三个同心圆组成,分别代表项目经理、核心团队和扩展团队。该工具适合不同的团队规模,甚至可以应用于想在企业围墙之外创建项目团队的情形;对于较小的团队来说,只需要用一个圆圈就足够了。该工具十分行之有效,可以快速定位人员配置方面的漏洞,促进决策过程,以规避相关风险。

通常在项目开始时,项目经理会怀疑自身技能是否足够推动项目直至成功,而一旦项目开始进行,激情很快就会将这些怀疑冲淡。但是,无论激情有多高,如果没有在正确的时间、正确的位置配置正确的资源,项目进展就会受阻。人员配备不足,或是跨组织之间优先级不清晰,经常会导致团队资源缺失,并引发项目进度的延误。项目经理通常不会选择使用复杂的规划工具,或是认为这些工具已经过时;项目团队轮盘却可以只用几分钟构建完成,而且能在几小时内传达企业上下,在几天内解决问题。

构建项目团队轮盘只需要下面简单的三步。首先，由项目经理画出三个同心圆，完成初步草图。最里面的一个圆代表该项目的项目经理，在圆圈里面写上其职务和姓名。第二层的圆代表核心团队。项目经理在这层圆圈内填写 4~10 个重要的职能部门，他们将通力协作，完成产品的上市工作。所罗列出的职能部门及其负责人员，应该是那些将大部分的工作时间放在该项目上，并将该项目视作头等大事的。最外层的圆代表扩展团队，这一层只有在中型或大型的项目中才会用上。这层圆圈用来添加其他职能部门或人员，作为对核心团队的补充，也可以添加某一核心团队成员所代表的利益方，例如，核心团队中的产品营销可能代表了销售、运营、市场、培训等利益方，需要在扩展团队中将其体现出来。

接下来，由项目经理与核心团队一起对项目团队轮盘进行审核检查，确保他们同意各自在项目中的角色，以及代表扩展团队中相关成员的利益。进行这一步的过程同时也是查漏补缺的过程，有时可能会因为时间安排冲突、项目对人员的能力要求等重新进行人员配置。

最后，由项目经理与管理层一起对项目团队轮盘进行审核，确保管理层赞同该项目的人员结构，并能够为实现项目所需的人员和职能部门的配置提供支持。

直观图示

图 4-2 所示的是一个完整的项目团队轮盘示例,对应本节的"案例分析"内容。最里面的圆表示的是项目经理,中间的圆表示核心团队,最外面的圆表示扩展团队。如图 4-2 所示,团队缺乏软件开发和测试方面的人员资源。项目经理将就该情况与管理层进行沟通,指明这些人员缺口何时会影响项目关键路径的进展。

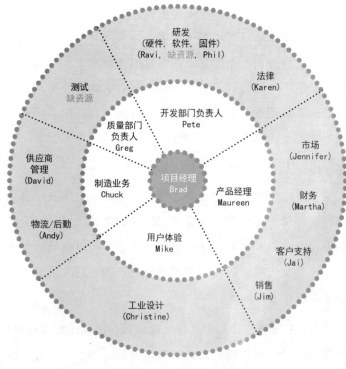

图 4-2 项目团队轮盘

新颖之处

现在有一种趋势是企业组织将越来越多的工作交由海外机构处理。另外还有一种趋势是管理者将越来越多的任务交由项目团队负责。而在处于上升期的企业里,有些职能部门发展迅速,导致出现人才缺口。综合以上三点原因,对团队有清楚的认识是十分重要的。项目团队轮盘工具快速有效,可以将某一项目的组织需求整理归档并传达至整个企业。

工具优势

工具优势主要包括以下几个方面。

(1)项目团队轮盘能确保项目所需团队成员顺利到位。

(2)项目团队轮盘能直观体现团队中的人员资源缺口。

(3)项目团队轮盘体现了每名核心团队成员所代表的扩展团队职能。

(4)项目团队轮盘能最大限度地避免因未合理配置人员资源而导致的意外(或是项目失败)。

适用情形

项目失败的根源常常在于资源不足。很多资源管理工具往往非常复杂，而且管理得也不够全面。项目团队轮盘工具为管理层和项目经理提供了一种非常好的方法，可以快速定位存在风险的领域，并在其严重影响项目进度之前加以解决。

其他注意事项

虽然项目团队轮盘工具可以快速发现人员资源缺口以及衡量项目人员配置程度的问题，但它却无法评估所配置的人员资源的质量和效率。跨职能资源配置的效率通常受三种因素影响，分别是技能水平、进行资源配置时项目所处的阶段，以及因为优先级冲突而引发的受干扰程度。由于这些因素对团队的项目交付能力所造成的影响是可以衡量的，因此也就可以对相关风险进行管理。而在整个项目进展过程中，保持该工具的时效性（项目经理定期更新轮盘信息）相对比较容易，这样一旦出现资源缺口，项目经理可以及时发现并作出应对之策。

案例分析

WebCo 企业的一支项目团队负责其新一代产品的上市工作，产品包含硬件、软件、网络和移动组件，而团队成员却分散在世界各地。作为项目启动的一部分，项目经理 Brian 构建了项目团队轮盘，用以定位项目可用的人员资源，发现存在的资源缺口，以便管理。他同时还聘用了第三方海外资源来负责项目的某些重要交付任务。

为了构建项目团队轮盘，Brian 做了如下工作。

（1）确定核心团队成员（一般来说，除了项目经理外，核心团队还应该包括产品经理、开发部门负责人、质量部门负责人，有时候还有设计/用户界面部门负责人和/或运营部门负责人）。

（2）确定扩展团队成员，保证产品顺利上市。

（3）将所有团队成员的姓名、所在部门及职务填写至轮盘中。

（4）将轮盘交由核心团队（产品经理 Molly 和其他三名成员）快速审核。

（5）将轮盘交由首席执行官 Rajiv、首席运营官 Ray 和首席技术官 Fred 审核——他们让 Brian 将质量部门负责人改为 Greg。

Brian 总结出，轮盘上有两个部分出现了资源不足的情况——软件开发和测试团队正忙于另一个十分重要的客户升级服务项目，无法抽身参与此新产品的研发项目，而这将影响整个项目的推进。Brian 召集核心团队开会，讨论如何解决这一难题。最终，他们决定向管理层（首席执行官 Rajiv）建议，聘请外部的质量测试团队以及几家经验丰富的软件开发承包商参与到此项目中。

跨职能工作量优化
人员比例模型
Staffing Ratio Matrix

工具简述

　　人员比例模型用于汇总某一特定职能部门正在从事的所有项目，同时列出跨职能团队所涉及的所有关键职能部门，从而清晰地显示出工作量超负荷的团队成员以及职能瓶颈所在，以便最大限度地加快项目速度。通常来说，在高科技企业里，这些职能部门包括工程技术、产品管理、项目管理、用户体验、质量等部门，但使用时需要按照实际情况有所调整。上述所有部门都对产品的成功上市有着重要的作用，如果人员配置不足，可能会导致项目延期。

　　人员比例模型中包含所有的项目名称，以及正在从事这些项目的各职能部门成员的具体姓名。还可以添加一列显示每名成员目前所负责的项目数量，以对信息进行汇总。模型中每一行代表的是某一项目的人员配置。该模型应该涵盖企业组织目前正在进行的所有项目。

　　对模型所得出的结果进行分析和评估，可以减少部门所负荷的过多工作量。第一步，要看看成员是否超负荷工作。很多时候，越是出色的员工，其所参与的项目、所负责的工作就越多，直到超出他们的承受极限。你可以发现然后解决这些个案。第二步，是将某一部门的平均比例与基准进行比较。我们采用的基准是，平均一名产品经理负责一种产品系列（或一项重要产品），项目经理的平均项目数是 1.5 个（即一大一小两个项目）。

我们曾经受邀对某财富 50 强企业的新产品研发成功实践案例进行评估，从而激发了对人员比例的研究兴趣。而据对世界各地十数家企业进行的基准管理研究结果显示，在最成功的企业里，一名产品经理仅对应一项重要产品，且只负责集客营销（让客户自己找上门），将客户的需求建议传达给企业组织。如果产品经理负责的重要产品超过一项，便很可能是因为产品定义不完整或经常变更等问题而导致项目延期。

另外一些类似的研究显示，在项目管理部门中，员工工作效率受其所管理的项目数量影响。工作效率的峰值出现在项目数量 1 和 2 之间[3]。一名项目经理的最优工作量为管理一个大型项目加一个小型项目——这种安排可以极大提升生产力，当项目经理的大型项目进行到任务间隙的时候，他们就可以把注意力转移到小型项目上。

直观图示

人员比例模型能够显示出每个职能部门负责的相对项目数量（见图 4-3）。模型第一列是项目名称，第二列是负责该项目的开发工程师数量，第三列列出了负责该项目的产品经理姓名，

---

[3] 出自《革命性的产品研发》一书，作者 Steven C. Wheelwright 和 Kim B. Clark，自由出版社 2011 年出版。

第四列汇总出了每名产品经理所负责的项目数量。重要的职能部门会包含更多的纵列。模型最后两行分别总结出了现实工作量比例以及理想比例。理想比例是由各高科技企业的经验总结得出的。

项目名称	工程师	产品管理	比例	项目管理	比例	用户体验	比例	质量	比例
1 黑胡子	32	Fred		Bob		Sarah		Andy	
2 蓝牙	22	Fred		Bob		Sarah		Andy	2
3 红头发	18	Fred		Bob		Sarah		John	
4 银狐	25	Fred		Bob		Sarah		John	2
5 白王子	22	Fred		Mary		Sarah		Bill	1
6 白皇后	13	Fred		Mary		Sarah		Jill	
7 迷你皇后	4	Fred	7	Mary		Sarah		Jill	
8 第三位皇后	11	Phil		Mary	4	Sarah	8	Jill	3
9 小鹿斑比	13	Phil		Susan		Mindy		June	
10 BamBam	8	Phil		Susan		Mindy		June	
11 Fred	12	Phil		Susan	3	Mindy		June	3
12 Martha	5	Phil		Flo		Mindy		Janet	
13 Martha二代	7	Phil		Flo		Mindy		Janet	
14 Martha三代	5	Phil		Flo		Mindy		Janet	
15 小Martha	4	Phil	8	Flo	4	Mindy	7	Janet	4
平均比例		Eng/Proj	7.5	Proj/PdM	3.75	Proj/PjM	7.5	Proj/Qual	2.5
成功实践案例			1		1.5		4		1.5

图 4-3 人员比例模型

图 4-3 形象地表明了 NetCo 企业某分部的产品管理部门的超负荷工作量。就此案例来看，调整、平衡产品经理的工作量相对来说比较容易，只要将一部分工程师调至产品管理部门就行了。

此外，建议 NetCo 企业某分部也对项目管理部门的工作量进行评估。虽然我们并未掌握网络产业的用户体验、质量领域的相关基准数字，但 NetCo 企业可以通过调查其竞争对手的相关数据来确定基准。

新颖之处

只有团队具备了成功所需的所有技能，才能得到成功的产出。在很多项目里，技术人才的缺失会直接导致项目延期、超支或被取消。而随着开发工作的复杂程度与日俱增，这种情况也变得越发常见。上述问题出现的原因在于，经济衰退使得很多企业撤销了除工程技术部门之外的诸多职能部门，因为这些部门被视作支持性部门；而不可避免的是，当经济回暖，新项目开始的时候，企业往往就会缺乏与工程技术部门息息相关的其他重要资源（产品管理、项目管理、用户体验、质量，等等）。人员比例模型着眼于工作人员比例（具备某一技能的员工总数，与项目总数进行比较，所得的比例），直观清楚，可以帮助管理者重新实现人员平衡及项目的有效执行。

工具优势

工具优势主要包括以下几个方面。

（1）当项目经理需要更多的人力支持时，人员比例模型工具可以助其避开企业内部政治斗争，快速表达诉求。

（2）避免相关职能部门出现人才缺口，使得工程技术部门的工作更具效率。

（3）将任务交由能力强、素质高的员工负责（而不是将研发人员替换为质量部门的人员使用），极大改善了项目成果质量。

适用情形

人员比例模型能确保重要交付任务由技能出色的员工负责，而不是随便找人填补空缺，从而极大提高了效率、改善了工作成果。这是一种双赢——工程师们无须再从事专业不对口的工作，同时由于有专业人员负责相关工作，团队执行力也得到提升。

此外，实现这一目标并不需要追加预算，只需转移一小部分工程技术部门的开放式岗位申请至其他重要职能部门，就可以解决大部分不平衡的状况。如果有些工程师希望尝试其他不同的职能工作，企业可以满足他们的要求，这样既有利于实现员工比例平衡，也为愿意体验不同工作的员工提供了机会。

其他注意事项

由于在技能水平、任务定义、项目规模、复杂程度等方面存在着不同，因此，使用人员比例模型具有不小的风险。当你使用人员比例模型时，无论是否需要自行设定基准，必须将上述所有因素纳入考虑。例如，在设定日本消费电子企业的基准时，成功实践案例的比例基准是一名产品经理负责一项产品；但他们对于产品经理的职责定义是狭义的、仅限于集客营销（不负责推广、广告和销售管理）的。这表示，如果你调整员工比例时不考虑其角色定位，在设定基准的过程中只关注人员比例而忽略职责定义，那是无法完全解决问题的。

案例分析

NetCo 企业某部门负责网络产品的客户端软件开发工作，大约有 200 名工程技术人员和 15 个正在进行的项目。该部门目前遇到了产品可能无法按期交付的麻烦。由于产品定义一直无法确定，工程技术团队工作受阻，整个部门士气低落。部门组织了一次研究来分析部门的人员比例，发现每名产品经理所负责的产品数量大约为 7.5 项，而理想状态（基准）应该是每名产品经理负责一个大型产品（来自成功实践案例的数据显示）。

企业并没有因此额外聘用 13 名产品经理，而是将工程技术部门的 3 个开放式岗位申请转给了产品管理部门。另外，还有 2 名工程师希望体验产品管理工作，部门也批准了他们的要求。在尽量不影响 200 名工程师数量的前提下，企业有效地缩小了自身与基准之间的差距（从每名产品经理负责 7.5 项产品到每人负责 3 项）。企业决定观察以上变革会对此部门今年产品研发工作产生何种影响，并研究明年是否酌情加大变革力度。

消除政治路障
态度影响图
Attitude Influence Diagram

工具简述

态度影响图是一种散点图工具，用于标示出项目的支持者与反对者，以帮助确定并管理那些阻碍项目成功的关键人物。该工具框架中使用气泡代表个人，每个气泡中注明了每个人的姓名和职务。态度影响图中的横轴表示他们对项目的支持程度（即态度），纵轴表示他们的影响力水平。每个人的影响力水平由其在组织内的职务和在资历、学识、能力等方面的影响综合决定。气泡的大小表示改变其态度的难易程度，气泡越大，意味着对此人态度产生的影响越困难。

虽然态度影响图是一种主观的评估，但应用该工具的过程却可以快速有效地定位项目障碍所在，尤其在项目初期应用有助于主动管理反对者，向其保证他们所担心的问题能够得到解决。很多情况下，该工具可以促使反对者变为支持者。

构建态度影响图，第一步需要列出可能对项目产生影响的人员清单。在白板上画出一横一竖两条轴线，将这些人员在图中分别标示出来。很多时候，个人的影响力是由其在企业组织中所处的职位决定的；也有一些职位不高的人具有较高的影响力（例如，高级建构师虽然职位不高，但在企业组织中深受爱戴，其观点也极具影响力），但是他们的态度相对难以界定，因此构建态度影响图时，应该先从最强硬的反对者和最铁杆的支持者开始。在绘制态度影响图的过程中，你可以将态度的两个极端进行对比。该过程不宜牵扯太多的团队成员，但最好至少有两人协助工作，这样可以使评估过程更为客观、平衡。

接下来，根据态度影响图可以确定出具有较高影响力的反对者——他们最有可能威胁到项目的成功，因此你应该对他们重点做工作。你需要制定战略，与他们进行接触，解决他们的疑虑，手段包括：发送电子邮件请他们提供意见和帮助，私下与他们交谈，安排团队成员或者团队之外具有影响力的其他人士与他们进行一对一的会面等，以争取改变他们的态度。

直观图示

图 4-4 所示的态度影响图显示出了参与某新项目的重要成员的相对影响力和态度。图中的气泡大小是对改变此成员态度的难易程度的一种主观判断。横轴表示个人对项目方案的支持或反对程度，纵轴则反映其在企业组织内的影响力。从图 4-4 中我们可以看出，需要对分管工程的高级副总裁和技术经理两人做工作，因为他们影响力大，且对项目持反对态度。

新颖之处

现今趋势是管理层将更多的权力交给团队，自上而下的控制权减小，团队的工作也越发独立。在这种环境下，团队需要借助技术手段的帮助，在不惊动管理层的前提下实现项目的成功。态度影响图是一种图形化工具，有助于预测项目前进道路上的障碍，直观显示出支持者和反对者，在问题扩大到需要管理层介入之前解决它们。

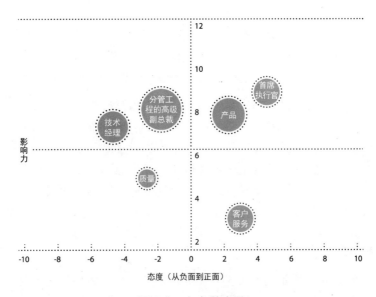

图 4-4　态度影响图

工具优势

工具优势主要包括以下几个方面。

（1）直观显示出团队所处的政治环境。

（2）找出可能阻碍项目成功的重要人物。

（3）有助于防患于未然，避免对项目产生不利影响。

（4）提倡重视项目环境。

适用情形

坦白来讲，我们希望企业组织内部不存在政治斗争，但这是不可能的，因为并非所有人都目标一致。政治路障：①会导致管理层不鼓励创新——由于害怕风险危及自身职位，他们故步自封；②同时还会延误产品上市进度——因为管理层采取负面的消极态度，需要不断向他们提供新的证据来说服其赞同项目的继续执行。

企业组织内部的政治斗争会浪费大量的时间，我们应该尽可能避免这种情况的发生。态度影响图能够清晰标示出反对者及其职位，是一种旨在方便你更加合理地利用自己的时间的图形化工具。另外，该工具还便于你立即采取行动，从众多解决方案中选取适合实际情况的，利用变革管理技术来处理那些有影响力的人物可能对项目产生的负面影响。

其他注意事项

从知道反对者是谁到消除他们的负面影响，还有很长的路要走。掌握影响反对者态度、达成良好结果的技巧，比态度影响图工具本身更为重要。

有些时候，评估环节会出现不同的意见，因此，除了从最强硬的反对者和最铁杆的支持者开始构建态度影响图之外，你还可以使用两两比较的方法评估人员的态度，例如，将 Bill 和 Frank 两两比较，将 Frank 和 Jill 两两比较，从而得出 Bill 和 Jill 的比较结果。

另外，有人可能会认为态度影响图工具本身也充满着政治斗争的意味，因此，在选择构建该图的助手时要格外小心，应确保他们仅仅为项目成功而使用相关信息。

案例分析

NetCo 企业最近启动了一个庞大的网络项目，旨在重新设计架构，以应对 25 倍以上数量的用户，这需要引入新技术和一家新的服务供应商。项目虽然得到首席执行官 Marge 的首肯，但 NetCo 企业尚未为其制定预算。此外，技术经理 Chuck 不赞同换用新的服务供应商，质量经理 Ron 手下没有可为该项目提供测试工作的员工，分管工程的执行副总裁 Bill 和首席执行官 Marge 不赞同项目的技术手段，产品经理 Phil 希望加强产品功能。

项目管理办公室负责人 Richard 找了两名员工协助构建出一份态度影响图，以弄清楚如何确保此网络项目能够成功进行。他们一起制作出如"直观图示"小节所示图，从中可以清楚看出，执行副总裁 Bill 和技术经理 Chuck 是影响力最大的两位反对者。由于 Richard 对 Chuck 和其行事风格有一定了解，Richard 决定先与首席执行官 Marge 进行一对一的面谈，争取获得她的支持。在得到 Marge 的支持之后，Richard 坚信，Marge 的介入将会对局面改观大有帮助。事实确实如此，Marge 同意与 Bill 面谈：Marge 直接询问了 Bill 对项目的疑虑，随后要求 Bill 加入项目团队，保证团队能够解决 Bill 的疑虑，从而获得了 Marge 对项目的支持。

相较之 Bill，技术经理 Chuck 是一个相对容易说服的对象。Richard 亲自出面与 Chuck 进行交谈，交谈中，Chuck 提出了一些非常重要的问题，Richard 请他将这些问题正式提交给项目团队。在团队处理解决了这些问题之后，Chuck 从反对者转变成支持者。

理解变革后果

变革影响模型

Change Impact Matrix

本节作者为 Barbara Shannon

工具简述

变革影响模型是一种描述性的模板工具，用于掌握项目所有参与者身上将会发生变化的细节。该模型可以帮助团队做好应对变革的各种准备，让受影响的人员了解将会发生何种变化。

变革影响模型是一种动态工具，无论是在模型构建阶段，还是后来对其进行数据更新（出现新问题，以及部分问题得到解决）阶段，团队都能从中受益。在讨论项目状态、进度以及计划执行情况阶段，团队需要就项目背景向管理层进行汇报。在这一点上，该工具可以提供很大帮助，因为它以一种简洁的图形化方式描述出隐藏在项目不同阶段背后的驱动因素。

项目经理应与重要的核心团队成员一起构建变革影响模型。快速完成此模型构建的最好方式是，让受影响的各职能部门主管负责其区域中每个角色的信息填写。这些主管的身份相当于"变革使节"，这种方式可以帮助他们全面理解项目将对其业务领域人员产生哪些影响。

你可以安排一场时长 90 分钟左右的会议，与团队成员一起实时检查、修正模型。这样的集体流程不仅可以提高模型的准确性，而且可以发现草图中所遗漏的一些其他职能领域的问题。在团队检查完模型后，管理层（或是负责监督的高管）需要比照项目进度对该模型进行再次审核。当有问题得以解决，或是新问题出现的时候，项目经理需要及时对模型数据进行更新。

将受变革影响的群体填在模型的第一列中。最好是按照程度和频率，从最受影响的群体开始填写。接下来两列分别描述该群体的技术和流程所受的影响。最后四列是主观的，也是最为重要的：需要从职能、流程、文化和技术四个层面对变革程度进行评估。评估变革时可以采用拇指投票法，这是一种简便且效果较好的团队投票流程。所谓拇指投票法，是指投票者以拇指朝上表示程度较高，拇指平放表示程度中等，拇指朝下表示程度较低。主持团队投票的人（项目经理）按照投票结果填写模型，当出现意见不一致的情况时，主持人可以要求意见分歧最大者进行简短陈述，然后再次重复投票过程，使用多数派意见填写模型。这种流程也同样适用于之后的职能评估。

但是，了解变革仅仅是接受变革的第一步。如果模型上有一两个群体/职能部门的受影响程度显示为中或高，则你可能需要指派专门的变革经理来管理培训和沟通工作。注意选择能力强的人选来主持这两项工作，并且制订细致完备的工作计划，保证项目团队其他成员明白自己需要如何参与到这两项工作之中。变革经理应该参加核心团队会议，如若不然，他便无法掌握完整的信息，更无法将信息准确传达给所有利益相关者。变革经理还应该了解详细的现有业务流程、将要实现的业务流程、各岗位角色职能的描述、企业政策和工作流程步骤方面的变革，如若不然，他便无法因时制宜地制定培训内容。

直观图示

图 4-5 所示的是一个变革影响模型图示例，旨在协助企业

将其销售模型从分散式转换为集中式,并保证新的集中式模型获得系统、职能等方面的足够的支持。图 4-5 对应本节的"案例分析"内容,其中第二列、第三列是对特定利益相关方的技术、流程层面变革的阐述。最右边的四列从四个不同方面对这两个层面的变革对特定利益相关方的影响程度进行评估。

如图 4-5 所示,团队需要为主管和支持团队提供详细的变革管理、沟通以及培训计划。同时,图中还标明了变革管理和培训工作计划中必须涉及的具体技术和流程的详细信息。

群体/利益主体组织	技术	流程	职能	流程	文化	技术
主管	电话执行和劳动力管理流程	新报告,队列管理,服务水平协议,新关键绩效指标,新工具	高	中	高	高
管理及支持团队	电话执行和劳动力管理流程	新报告,队列管理,服务水平协议,新关键绩效指标,新工具,创建新报告	中	中	高	高

图 4-5 变革影响模型

新颖之处

正如上面介绍态度影响图工具时所述,现在的团队享有高度自治权,自身需要掌握可用工具、具备自给自足的能力,因为高层不会再像以前那样对其进行具体干涉。变革影响模型有助于团队在实施变革时保持眼界清晰,而无须高层时时介入。

有些时候,你可能需要一份地图作为导向工具。变革影响模型就是一份既提供地形信息、又提供街道信息的"地图",从鸟瞰城市、街景等角度反映出发生重要变革的区域,从不同的角色职能出发,描述出项目相关变化是如何影响重要利益相关者的。

工具优势

工具优势主要包括以下几个方面。

(1) 便于了解变革影响程度(高/中/低),一目了然。

(2) 为制订风险规避计划提供了讨论提纲。

(3) 告知项目管理者,哪些区域需要加强或减少沟通和培训工作。

(4) 提前将变革影响程度告知受影响群体。

适用情形

大多数业务项目的成功,取决于其实施变革的能力。通常,行动方案中最困难的部分在于让受变革影响的人员群体做好准备。变革影响模型是一种专注于细节的结构化的方法论工具,可以快速定位那些会受变革计划影响其流程、阶层、技术的群体。当项目预算有限时,可能无法指派专门的变革经理,这种情况下,项目经理可以依靠变革影响模型工具兼具变革经理的身份及职能。

其他注意事项

首先,保证变革影响模型尽量覆盖能想到的所有职能领域。

其次,请高管和资深人士对模型进行审核。

最后,模型构建完成之后,必须定期使用才能发挥其作用。

案例分析

NetCo 企业决定对其商业模型实施变革，从拥有超过 200 家配送中心的分散式转变为仅仅靠两个呼叫中心来处理其中小企业部门（该部门是企业的重要部门之一）的所有订单服务的集中式。这种转变将会同时波及旗下众多地方办事处，一些办事处将仅保留核心员工，另外一些办事处则将被关闭，地方销售代表和技术人员需要走出办公室，为客户提供上门服务，通过电话或传真的方式将订单发至呼叫中心，再由呼叫中心负责安排设备的运送。

项目管理办公室负责人 Richard 将按照以下步骤构建变革影响模型。

（1）列出所有受影响的相关利益方。其中包括所有的地方办事处、呼叫中心、税收（会计）、销售机构和技术人员等。

（2）要求所有相关利益方各派出一名代表，共同构建变革影响模型。其中包括所有地方办事处的区域主管和技术人员、呼叫中心经理、会计主管和销售副总裁等。

（3）制定出衡量变革影响程度（高/中/低）的标准。下面是 Richard 为相关职能部门所受影响程度制定的标准。

高	职位取消，或员工需要重新安排
中	工作职能发生本质变化
低	工作职能发生轻微变化

（4）要求每位代表完成表格填写并提交。

（5）要求每位代表群策群力，就如何规避受影响程度高或中的领域风险提供意见或建议。

应用社群进行产品创新
社会创新准备度记分卡
Social Innovation Readiness Scorecard

工具简述

社会创新准备度记分卡是一种决策工具,为管理层和团队就企业组织成功使用社交解决方案(通常称为社群)的能力提供客观分析,以达到提高产品创新能力的目的。社会创新准备度记分卡工具提出了 10 个不同方面/类别的重要问题,通过回答这些问题来决定企业组织是否做好了应用社群进行产品创新的准备。这 10 个方面包括:除产品研发之外当前使用的社交技术、管理层的支持力度、使用网络社区资源的专业知识、工具的成熟度、满足网络社区最佳应用程序要求的组织结构,等等。社会创新准备度记分卡工具可以定位出那些容易被企业组织忽视的重要方面,以及需要重点关注、通过社群应用来加强的薄弱环节。

社会创新准备度记分卡是一张电子表格,通过小组讨论来制作完成。一般来说,可以召集部分企业高层和高级主管,用一两个小时的时间做实时会议讨论(也可以是视频会议)。会议首先介绍社群的概念,然后指导与会人员如何就"准备度"的不同方面进行定义。在工作介绍完成后,每名与会人员需要独立填写自己的记分卡,在不相互讨论的前提下评估组织的准备情况。然后,会议主持人收集所有记分卡,计算出每个方面/类别的平均分值和标准误差。当遇到标准误差较高的情况时,主持人应询问在此方面评分较低和评分较高的人员各自的评分依据。在比较其差异之后,主持人询问所有成员是否需要修改自己的评分。如此一来,每名成员皆有在达成共识的基础上投票的机会。

在完成上述评估步骤（自我评估）之后，主持人应就如何改进记分卡上得分偏低的方面提出行动计划方案。这时，企业组织便可以确定那些需要优先加以改进的方面，以提高社会创新准备度。

直观图示

图 4-6 是一张社会创新准备度记分卡，第一列列出了所有的类别，第二列是平均分值（从低到高为 1 分至 5 分），第三列则是计算出的团队成员评分的标准误差。

图 4-6 是根据本节"案例分析"部分的案例内容数据制作而成的。平均分值低于 3 分，或者标准误差大于 1 的部分，背景作了加灰处理。自我评估过程之前，可以提供 10 项类别中评分较低和评分较高所分别对应的案例情形，以方便团队成员更准确进行评分。

社会创新准备度自我评估	平均分值	标准误差
社群成熟度	2.9	0.7
高层参与度	4.7	0.5
社会创新目标定义明确	2.1	0.4
社群专业人才	1.9	0.8
社交技术投资	2.2	0.3
创新流程成熟度	4.3	0.7
对新理念的反应	3.7	0.5
理念库质量	3.1	
确认系统	2.7	0.9
奖励系统	2.6	0.8
平均	3.0	

图 4-6　社会创新准备度记分卡

对图 4-6 中的每一项类别，按照从低到高（1 分至 5 分）评分。为了保证每张记分卡的质量和一致性，表 4-2 给出了每项类别的评分标准。

表 4-2 列出每项类别的评分标准

类别	评分标准
社群成熟度	1—尚未使用； 2—处于试用阶段； 3—仅某一职能部门使用； 4—跨职能部门/整个企业使用； 5—企业内外都在使用
高层参与度	1—尚未参与； 2—某一领域对其提供功能性支持； 3—多领域参与； 4—企业最高管理层参与； 5—首席执行官和企业最高管理层都参与
社会创新目标定义明确	1—无； 2—仅有战略； 3—有战略性目标，无具体目标； 4—有稍加定义的多个目标； 5—有定义明确的多个目标
社群专业人才	1—无； 2—有特别指定的资源； 3—有专家资源； 4—有某一职能的专家资源； 5—有英才中心的社交领域专家资源
社交技术投资	1—无； 2—消费类工具（Facebook、Twitter）； 3—由供应商确定的基于 SaaS 的协作工具； 4—企业试点项目中使用的基于 SaaS 的工具； 5—生产中使用的基于 SaaS 的第三方工具
创新流程成熟度	1—无； 2—特定的非正式流程； 3—有记录的流程； 4—有记录的流程，并按其执行； 5—英才中心

续表

类别	评分标准
对新理念的反应	1——无反应； 2——偶尔对某些项目作出反应； 3——一致反应； 4——带奖励的综合反应； 5——一致的、主要的反应
理念库质量	1——特定； 2——本地/筒仓； 3——网站/功能性的； 4——全球性的； 5——全球性的，并与外部理念整合
确认系统	1——无； 2——口头确认； 3——非正式方案（包括电子邮件）； 4——正式方案； 5——重要确认（如办公区域等）
奖励系统	1——无； 2——小现场奖励（价值100美元礼品）； 3——大现场奖励； 4——追求创新的资源； 5——大现场奖励和资源

新颖之处

应用社群进行产品创新的最重要的方面在于，创建由技术理念领袖组成的"社区"，这样的社区可供其分享、构建、开发优秀创意。但是，你需要一种方法来辨别各种社交解决方案的优先级，并加以实施。

在产品研发领域应用新型的社交网络技术，对于企业而言是一种新鲜的尝试，我们期望这种方法的重要性能够与日俱增。社会产品创新领域已有成功实践案例，相关企业正在取得不错的进展。此技术应用过程中常出现的问题在于企业缺乏对如何优化工作流程、如何将社交网络技术融入现有产品研发流程的理解,草率尝试。社交创新准备度记分卡工具可以解决以上问题,帮助管理团队找出企业组织成功实现目标的最佳时机。

工具优势

工具优势主要包括以下几个方面。

(1)提供一种加速创新的全新方法。

(2)找出影响项目成功的优势和劣势。

(3)避免在实施过程中出现错误。

(4)提供一种框架结构,管理社交解决方案的实施过程。

适用情形

随着时间的越发紧迫,创新也变得越发重要。企业使用社交网络技术并不是一种时尚,这种技术已经成为一种至关重要的工具,早已不像早期那样仅局限于在市场营销、客户支持、培训等领域应用。社会创新准备度记分卡工具一经使用,便可以隔离关键障碍、制订应对计划,确保企业组织的应用社群进行产品创新之路有一个良好的开端。

其他注意事项

在企业首次接触社会化媒体的时候,企业内部会掀起一股实施社交解决方案战略的热潮。但不幸的是,很多企业并未真正理解成功实施社交解决方案所需的框架，仅凭着一股冲动，只能导致蹒跚许久而无甚进展的结果。要保证社交解决方案的顺利实施，需要借助新型工具、流程、职能职责、决策模型等。基于对社会创新所进行的研究，我们发现顺利实施社交解决方案的最大障碍在于下列四点。

（1）缺少管理网络社区的专业人才。

（2）缺乏明确的价值主张，不清楚实施社交解决方案能对企业带来什么好处。

（3）缺乏从社区获取创意并加以实施的系统。

（4）增援参与不足。

社会创新准备度记分卡正是掌握上述四点以及一些其他潜在障碍的相关信息的有效工具。

案例分析

NetCo 企业的研发部门十分强大，共计有工程师及技术研究人员 5000 名，分布于全球范围内的 5 家研发中心。分管工程技术的执行副总裁 Bill 不满意其团队的创新水平，认为他们并未有效协作。对于 NetCo 企业而言，以更快的速度实现创新是十分重要的，只有这样，才能在竞争日益激烈的市场中保持自身的领导地位。Bill 听闻实施社交解决方案可以推进企业创新，但使用此手段进行市场营销的组织得到的结果有好有坏，因此他不希望团队在尚未全面了解此手段可行性之时就仓促推行这种全新流程。他决定先借助社会创新准备度记分卡工具，帮助自己和管理层找到问题的真正所在，并在为实施此流程真正投入时间精力之前解决这些问题。

社会创新准备度记分卡评估结果显示，在 NetCo 企业正式使用社交解决方案之前，需要在下列三个领域多做工作。Bill 向自己的首席项目经理求助，要求他执行下面的行动步骤，争取在 3 个月的时间内完成社交网络社区的实施准备工作。

（1）使用第三方社交平台：内部协作工具是不够的，Bill 不想占用企业有限的技术资源来开发一种新的内部解决方案。他让首席项目经理进行调研，并使用第三方 SaaS（软件即服务）解决方案。

（2）指派网络社区经理：不加监管的网络社区通常无法实现结果的最优化。对企业来说，这是一种全新的技能要求，Bill 不能将这份工作交给不懂如何创建并管理一个充满活力的社区的人选负责。他可以选择聘请一位具有此方面丰富经验的经理，或是选择让第三方供应商同时负责该工作，直至企业找到合适的人选。

（3）确保社群工作以影响力高、专注范围窄为目标：如果社群专注范围过于宽泛，便无法创建高质量的输入信息。另外，一旦社群失去活力，团队将停止参与其中。

改善社群，促进社会创新

社会创新成熟度记分卡
Social Innovation Maturity Scorecard

工具简述

企业组织可以借助其内部群众和外部群众的智慧来推进创新，而社会创新成熟度记分卡正是针对创新成熟度的一种自我评估工具。并非所有的创新都是社会化的，但优秀的企业组织可以博采众家之长，融会贯通，从社群中汲取好的创意，提高自身创造力。社会创新成熟度记分卡使用起来非常直观——直接在 10 个方面/类别按照固定的标准进行评分，对社会创新行动方案的强度和效果进行有效预测。

社会创新成熟度记分卡的使用流程与上面介绍的社会创新准备度记分卡的类似，区别仅在于，社会创新成熟度记分卡用于企业在已经实施社会创新之后对情况进行审视，而社会创新准备度记分卡用于企业在实施社会创新之前。但是，为了保证每一章节的内容相对独立，本节我们将对其流程进行再次阐述。

社会创新成熟度记分卡是一张电子表格，通过小组讨论后制作完成。一般来说，可以召集部分组织高层和高级主管，用一两个小时的时间做实时会议讨论（也可以是视频会议）。会议首先介绍社群的概念，然后指导与会人员如何就"成熟度"的不同方面进行定义。在完成介绍工作后，每名与会人员需要独立填写自己的记分卡，在不相互讨论的前提下评估组织的成熟程度。然后，会议主持人收集所有记分卡，计算出每个方面/类别的平均分值和标准误差。当遇到标准误差较高的情况时，主持人应询问在此方面评分较低和评分较高的人员各自的评分依据。在比较其差异之后,主持人询问所有成员是否需要修改自己的评分。如此一来,每名成员皆有在达成共识的基础上投票的机会。

在完成上述评估步骤(自我评估)之后,主持人应就如何改进记分卡上得分偏低方面提出的行动计划方案。这时,企业组织便可确定那些需优先加以改进的方面,以提高社会创新成熟度。

直观图示

图 4-7 所示的是一张社会创新成熟度记分卡,是根据本节"案例分析"部分的案例内容数据制作而成的。第一列所列因素/类别基于我们与技术企业合作的经验而得出,第二列、第三列是根据少数管理人员的评分计算得出的平均分值和标准误差。平均分值低于 3 分或标准误差大于 1 的部分背景作了加灰处理。自我评估过程之前,可以提供 10 项类别中评分较低和评分较高所分别对应的案例情形,以方便团队成员更准确进行评分。

社会创新成熟度自我评估	平均分值	标准误差
社群创新成熟度	3.2	0.5
创新举措对外开放程度	1.1	0.8
理念库质量	3.7	0.5
创新人才定位难度	3.5	0.4
创新人才定位难度	3.3	0.5
高层参与度	1.9	1.5
确认系统	1.7	0.5
奖励系统	1.3	0.9
创新流程成熟度	3.1	0.4
对新理念的反应	4.3	0.4
平均	2.7	

图 4-7 社会创新成熟度记分卡

图 4-7 中的每一项类别，按照从低到高（1 分至 5 分）评分。为了保证每张记分卡的质量和一致性，表 4-3 给出了每项类别的评分标准。

图 4-7 中最右边的一列填写所有评分的标准误差。右数第二列填写平均分值，1 分表示最低，3 分表示中等，5 分表示最高。图 4-7 只是一个示例，企业组织可以根据实际情况调整修改类别，或者添加评分标准，如表 4-3 所示。

表 4-3 调整修改类别与评分标准

类别	评分标准
社群创新成熟度	1—尚未使用； 2—处于试用阶段； 3—仅某一职能部门使用； 4—跨职能部门/整个企业使用； 5—企业内外都在使用
创新举措对外开放程度	1—仅客户服务； 2—增强功能； 3—产品性能； 4—新产品理念； 5—输入战略
理念库质量	1—特定； 2—本地/筒仓； 3—网站/功能性的； 4—全球性的； 5—全球性，并与外部理念整合
创新人才定位难度	1—无； 2—非正式的； 3—某职能专家； 4—创新专家； 5—长期从事创新工作的专家

续表

类别	评分标准
创新技术投资	1—无； 2—试用状态； 3—生产； 4—多个生产基地； 5—多家供应商
高层参与度	1—尚未参与； 2—某一领域对其提供功能性支持； 3—多领域参与； 4—企业最高管理层参与； 5—首席执行官和企业最高管理层都参与
确认系统	1—无； 2—口头确认； 3—非正式方案（包括电子邮件）； 4—正式方案； 5—重要确认（如办公区域等）
奖励系统	1—无； 2—小现场奖励（价值100美元礼品）； 3—大现场奖励； 4—追求创新的资源； 5—大现场奖励和资源
创新流程成熟度	1—无； 2—特定的非正式流程； 3—有记录的流程； 4—有记录的流程，并按其执行； 5—英才中心
对新理念的反应	1—无反应； 2—偶尔对某些项目作出反应； 3—一致反应； 4—带奖励的综合反应； 5—一致的、主要的反应

新颖之处

社会创新成熟度记分卡适合对社交解决方案实施情况进行微调。它通过比较成功实践案例和企业具体情形,充分展现出企业实施社会创新的成熟程度。使用社会创新成熟度记分卡工具时,由于供应商并不知情,因而你无须偏袒供应商提供的某种特定功能或做法。另外,该工具还充分借鉴使用了社会创新领域的最新研究成果和成功实践案例。

工具优势

工具优势主要包括以下几个方面。

(1)提供了快速且低成本的反馈。

(2)为改进创新提供机会。

(3)改进社会创新,从而获得更好的参与度。

(4)借鉴使用最新研究成果和成功实践案例,节约了大量时间。

适用情形

改善社群可以更快更好地实现创新。通过对各方面存在的缺陷进行分析,社会创新成熟度记分卡可以激发组织动力,解决现有缺陷问题。同时,社会创新成熟度记分卡工具促使企业将工作重点放在最大的缺陷之处,避免在其他不必要的地方浪费精力。最后,通过从社群中获取经验,该工具可以提醒企业将重点放在新的关键领域,比如加快系统研发速度,以便更快地发现专家等。

其他注意事项

所有自我评估工具,在使用时都有重大风险。首先,由于未挑选合适的人员参与评估,因而结果会不可避免地出现偏差,因此主持人需要特别注意,最好能够挑选一些不直接参与项目的中立人士或管理层来操作评估。其次,真正的缺陷可能并非存在于参评的 10 项类别,因此需要凭借常识来对记分卡结果进行反复核查。

找到缺陷仅仅只是第一步,更大的困难在于如何调动组织意愿和能量投身于这些战略领域。实施才是重点。拥有专门的资源(比如社群经理)会对行动有所帮助。

案例分析

NetCo 企业一直十分关注创新。首席执行官 Marge 曾经召集她的手下一起,就如何创新进行探讨。他们制订出很多创新相关的行动计划,包括外部协调、分管工程技术的高级副总裁几年前开始创办一些非正式的创新社群等。Marge 非常希望能推动企业使用社会化媒体;NetCo 企业目前有对外的博客,但 Marge 坚信企业可以在社会创新方面做得更多。

Marge 挑选出部分执行团队成员(分管人事的副总裁 Betty、分管工程技术的执行副总裁 Bill,以及其他 6 名成员)成立小组、参与讨论,就企业目前的社会创新情况进行评估,并提出如何继续推进社会创新的意见或建议。

工作由副总裁 Betty 牵头。她使用社会创新成熟度记分卡工具，快速评估了企业当前的形势，并找出缺陷所在。在随后的一周里，她召集小组成员进行耗时 90 分钟的会议，告诉他们此会议的前 1 个小时将用于社会创新成熟度自我评估，剩余的时间用于讨论行动计划方案。

小组成员聚到一起，逐条研究 10 项类别及评分标准，然后安静地各自填写记分卡。当所有人都完成评分后，Betty 将结果录入笔记本电脑，并连接投影仪，以方便各成员立刻看到结果。他们发现，管理层参与度这一项评分的标准误差较大（1.5）。Betty 就此征求各成员意见，要求评分最低的 Bill 和评分最高的 Mary 分别陈述自己的评分原因。然后，团队再次投票，8 名成员中有 4 名改变了自己的评分。

而平均分值小于 3.0 分的有 4 项，分别为：管理层参与度、奖励系统、确认系统和创新举措对外开放程度。小组成员同意，应将企业工作重点优先放于其中 3 项，推迟关于外部社群的工作。Betty 决定组建一支测试团队（老虎团队），负责奖励系统、确认系统方面的工作。同时，Bill 同意制订一份沟通计划，并交由 Betty 审核。

在之后的三周内，团队便能够就企业社会创新成熟度自我评估的结果，以及如何改进缺陷问题、推动社会创新的进展向首席执行官进行了汇报。

第 5 章
流 程
Process

定义

流程是描述企业将如何表现，以支持其商业目标中的战略、管理和执行的方法。有效的流程必须有明确的定义，包括企业组织采用流程的原因、将传递的价值，以及由谁来具体执行等。

流程有效的关键在于在风险和复杂性的基础上，以一种适当的严谨态度来应用实施。流程的有效性是一种平衡的艺术，需要对局势进行正确判断，保证在效率和官僚主义之间实现平衡。大多数企业在这一方面做得并不好。

在流程的实施过程中，企业很容易走向以下两个极端。

（1）很多大型企业在整个研发过程中设置的流程太多，严重阻碍了创造力、创新性和生产速度。这些企业花费了大量的时间和资源来管理流程，却很少顾及客户的感受。这样一来，在流程和业务的关系中，流程沦为了业务的驱动力量，而非业务决定流程。

（2）有些企业组织未能合理设置并管理生产流程，同样也会严重阻碍创造力、创新性和生产速度。这种状况经常出现在那些发展迅速的企业组织里，在产品线拓展、项目数量和团队成员数量激增的情况下，他们仍沿用以前适用于小规模业务的流程来管理如此复杂的业务，当然是不合适的。

为了修正上述两种错误的极端状况，我们提出了"适当的"流程的概念。本章介绍的各种工具将展示成功实践案例中的流程是如何按照不同规模企业各自的复杂程度、风险等具体现实情况定制，以便适当地应用实施。流程的使用情况将直接影响企业组织的生产效率和士气。

本章重要性

流程的好坏取决于流程的使用情况。一方面，如果流程过多，团队的大量时间就会浪费在各种细节的确认上，并影响到完成任务的主线；另一方面，如果流程过少，则会使团队忙于应付各种不断重复的错误而焦头烂额。上述两种情形在企业组织内都十分常见。另外，如果团队将大量时间用在管理其效率低下的流程之上，则会错失创新的良机。

反之，如果流程定义清晰、得到企业组织上下的认同，并且执行过程合理严谨，则将极大激发团队的创新能力和提升团队的执行能力。

应用实例

本章介绍的各种图形化工具旨在帮助你更快、更好地作出决策。第一种工具可以帮助团队深入了解：计划外事件何时发生，并如何对项目产生消极影响。第二种工具将对需要多部门广泛参与的现有流程或新流程进行优化。在团队需要处理大量数据的时候，第三种工具提供了一种快速而直接的群体决策方法。最后一种工具提供评估项目的问题所在的方法，其中包括对改进速度的预测。

本章小节一览&工具清单

工具清单如表 5-1 所示。

表 5-1　工具清单

节　名	工　具
衡量计划外事件的影响	事件时间轴生成图
厘清各部门职责	四区域导图
快速制定集体决策	点投票图
更快更好地决策	项目决策路径图
找出问题背后的根源	根本原因图
合理利用定性数据	亲和图
预测改进速度	半衰期图

衡量计划外事件的影响
事件时间轴生成图
Event Timeline Generator

工具简述

事件时间轴生成图功能强大，可以帮助团队快速制定项目时间轴。该工具适用于项目的整个生命周期，最常用于解构项目的重要里程碑和交付任务，对于小规模的团队特别有帮助，因其无须使用繁杂的项目管理软件就可以快速创建和沟通项目的各项重要事件。

项目经理制定事件时间轴生成图时，可以参考来自跨职能团队的意见和信息（例如，可以在团队 PERT 图构建完成之后，再制定事件时间轴生成图）。事件时间轴生成图是一种支持自定义的模板，将项目中的重要事件以时间函数的方式直观地体现出来。计划事件（通常是产品研发流程中的重要里程碑事件）标注在时间轴的上方；而在项目执行过程中出现的计划外事件，则标注在时间轴的下方。

当有计划外事件发生时，需要对时间轴进行实时更新。这一点非常重要，原因有二：①计划外事件可能会对项目交付的时间和成本产生重大影响。试想，如果在项目的概念阶段，团队中的首席架构师辞职了，怎么办？如果为了解决某一紧急的客户问题，需要重新调整团队重要成员的工作任务，怎么办？如果先行购入的生产材料因为计划不够周详而使产量过低，导致项目无法推进，怎么办？……上述计划外事件将对项目产生何种影响？事件时间轴生成图可以在事件发生时做好记录，帮助你及时作出最优决策，以规避计划外事件可能导致的风险。②掌握计划外事件的相关信息，不仅能够在项目推进过程中及时、有效地进行中期验视回顾，而且有助于你分析问题的根源，并深刻领会计划外事件的产生原因和其产生的真正影响。只有掌握了相关信息数据，项目经理才能够更快、更好地作出决策，避免对项目产生不良影响，或者是让项目重新回到正轨。

同时，事件时间轴生成图也是一种非常有用的项目实施情况审查工具，可以作为验视回顾流程的执行基石。

直观图示

在图 5-1 所示的这张事件时间轴生成图中，横轴为时间函数，标注出了项目中的所有重要事件；纵轴则区分了计划事件和计划外事件，横轴上方的为计划事件，横轴下方的为计划外事件。通过对图 5-1 中数据的研究，团队发现，有三个计划外事件对项目的顺利完成产生了不良影响。现在，团队便可以使用这些数据剖析问题根源，采取措施纠正问题，使项目回到正轨。

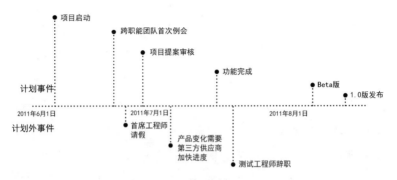

图 5-1 事件时间轴生成图

新颖之处

事件时间轴生成图可以快速生成项目时间轴，并在计划外事件发生时实时更新。所有的项目都会遭遇变化，该工具将计划事件和计划外事件结合起来管理，给管理者提供更好的视角，并了解当前项目的真实进展情况。

工具优势

工具优势主要包括以下几个方面。

（1）能够更快捷、简便地创建更为健全的项目时间轴，并向团队上下传达。

（2）能够快速找出那些导致项目延期、成本费用增加的计划外事件。

（3）可通过项目中期和后期的验视回顾，带动项目学习。

（4）可就项目执行情况提供一种更为全面的视角。

（5）对于小规模团队而言，是复杂的进度软件的一种非常好的替代工具。

适用情形

事件时间轴生成图可以帮助团队快速制作图形化时间轴。它还可以通过找出计划外事件并分析其根本原因，来作为项目学习和渐进式流程改进的基础。

其他注意事项

通过事件时间轴生成图工具所收集的项目信息，可以看成一种实时的缩略图。为了实现其最大的有效性，你需要定期对该工具进行更新。

此外，该工具能够找出引起项目异常的计划外事件，但却未就事件提供分析。因此，需要额外对计划外时间的根本原因进行分析，并制定能够规避其不良影响的行动方案。

案例分析

CleanCo 企业正忙于其第一代产品的上市时间工作。营销经理 Bill 同时扮演着项目经理的角色，他使用电子表格对项目交付任务和时间轴进行追踪。目前，团队大约完成了项目总进度的三分之一。总体来说，虽然项目进展良好，但是下列计划外事件的发生已经开始影响团队的工作能力：①首席工程师因病请假 1 个月。②首席执行官 Wendy 要求项目作出重大调整，使得团队不得不重新寻找供应商。此举所花费的时间比预期的时间要长，而且对关键路径也有一些影响。③有两名兼职测试工程师接受了其他企业的全职职位邀请，并辞职离开了 CleanCo 企业。

Bill 清楚，上述问题无论是分别来看还是逐个积累地集中来看，皆会对项目完成情况有显著的影响；但它们具体会对整个项目产生何种不良影响，现在的认识并不全面。因此，Bill 决定使用事件时间轴生成图工具构建一份新的项目时间轴图表，以图形化的方式直观体现项目进度和计划外事件（包括标记出未来可能发生的计划外事件），以便团队在重要事件发生时对其进行根本原因分析。

厘清各部门职责
四区域导图
Four-Fields Map

工具简述

四区域导图源于日本，是一种主要用于跨职能（多部门参与）流程的图形化工具。该工具不同于传统的使用工作分解结构的项目策划方法，也不同于重点关注"做什么工作"的关键路径分析，它侧重的是任务组成部分、团队合作、质量，并重点关注"如何进行工作"。该工具通常应用于评估供应商风险、客户升级流程，等等。

该工具通过下列四个区域描述项目执行流程。

（1）阶段：在产品研发流程中一般被定义为项目阶段，表示团队在执行项目过程中的各种不同状态。

（2）任务：指项目进展过程中的各项重要交付任务。

（3）人员：指各阶段中负责完成各项任务的部门或个人，项目进展过程中，一般由负责某项任务的人员在该项任务执行期间作为流程的领导者。

（4）标准：指用于评价流程中任务质量的交付成果、文件资料、规范说明等。

按照以下步骤，可以创建产品研发的四区域导图。

（1）找出目标流程，并定义流程目标（可能不止一个目标）。

（2）构建一份标明关键任务和决策点的流程图。

（3）构建关于产品研发各个阶段以及相关负责人员的模型，并将任务和决策点标注在模型上（任务是相互连接的，以体现整个流程随着时间进展的连续性）。

（4）对于特别重要的任务，标注出检验其完成质量的标准（在图表最右边的一栏中）。

直观图示

图 5-2 所示的四区域导图[1]体现的是某一具体采购流程中各阶段的关键跨职能交付任务。该导图顶部注明了流程目标。图中纵向列出了参与的各个职能部门，横向标出了不同的研发阶段。最右边的一栏则标明了对每项交付成果进行质量评估的标准。

---

[1] 出自文章《Learning to See: How Does Your Supply Chain Function》，作者为 Nigel Wood，可参考网址：http://www.littoralis.info/iom/secure/assets/iom20041213.753113_41bde1a9d4ef.pdf（本书作者于 2011 年 10 月访问）。

厘清各部门职责

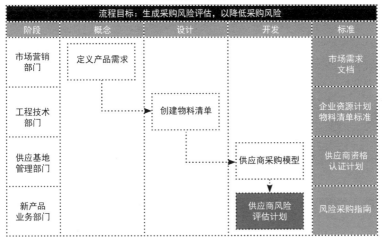

图 5-2　四区域导图

新颖之处

四区域导图并不算是一种新鲜的流程工具。对于习惯使用图表形式来绘制流程的人而言，该工具唯一的新鲜之处在于四区域这一概念，也就是用于评估交付成果质量的标准。但是，值得一提的是，该工具十分有效，应该被企业组织更普遍地了解、更频繁地使用。

工具优势

工具优势主要包括以下几个方面。

（1）使用现成的结构进行构建，方便上手。

（2）可推动流程的优化改进。

（3）用于厘清各部门职责，实现跨职能明确切换，避免出现流程漏洞。

（4）参照标准来评估关键任务的完成质量，保持流程执行的一致性。

（5）能确保各利益相关者提前知晓任务评判标准。

适用情形

四区域导图可以使决策者和参与者在一份视图中同时获得流程关键任务、任务负责人、任务成果质量评估标准等信息。

其他注意事项

四区域导图是一种实时缩略图。当情况发生变化时，需要及时更新导图，以使其能够正确反映最新流程信息。

该工具的侧重点在于任务、人员和标准，不包括工作分解结构、关键路径定义、相关性、项目经理监管等传统项目管理因素。大多数情况下，企业会使用传统工具管理整个项目进程，同时在某些重要领域使用四区域导图作为补充工具。

此外，虽然该工具使用了标准来评估关键任务的完成质量，但却未保证所用标准的质量。因此，为了获得最好的结果，需要投入适当的精力，确保标准是与团队的努力工作相匹配的。

案例分析

NetCo 企业目前的一个新项目在供应商方面存在显著的风险。分管制造业务的副总裁 Tom 担心团队在采购零部件之前缺乏一种有效的流程对供应商风险进行评估：①很多重要的零部件由同一家供应商提供；②产品需要新技术作为支撑，而主要的供应商产量不高，还可能存在质量问题。

Tom 清楚，项目不能有任何闪失，无论是由于原材料不足而引起的工期延误，还是由于产品质量引起的问题或原材料成本费用的增加，对于项目而言都是致命的。为了降低风险，他决定采用一种全新的流程——采购风险评估。而此流程的实施，不仅需要跨职能资源（多部门参与），而且将会贯穿产品研发的多个阶段。因此，他要求团队使用四区域导图工具来定义和执行这一关键流程。

Tom 将该任务交给了新产品业务部门经理 Bruce。Bruce 与跨职能团队一起制作出了四区域导图，清楚标明了主要利益相关者及其各自在不同阶段的职责任务，以及对任务完成质量的评估标准。

快速制定集体决策
点投票图
Dot Voting Chart

工具简述

  点投票图适用于团队处理海量数据、需要解决某一特定问题或找出最重要的要素时，旨在加快决策进程。对于团队成员而言，该工具是一种公平的手段，既可以倾听其他人的意见，也能够达成共识，找出最重要的问题，确定趋势或主要漏洞。由于不需要特别的数据收集或同步工具，你可以在几分钟内完成该工具的使用。

  无论使用点投票图解决何种类型的问题，都需要先用一句话描述要解决的问题。这一步很重要，尤其当需要处理海量信息的时候，这种描述更应十分准确，才有助于找到侧重点，并达到使各投票人都清楚了解相关信息的最好效果。在完成对问题的描述之后，团队可以集思广益，收集各种解决问题的好的想法。点投票图中每一个方块里的输入信息，便代表着一种与问题有关的想法或是思路。

  使用点投票图时，可以借助的手段多种多样，这取决于团队的大小以及地域的分布情况。最简单的情况是，对于所有成员共处一室的小型团队，主持人（一般是项目经理）在白板上记录下所有想法，或者使用便笺收集想法，然后把便笺贴在白板上，这样直观清楚。相比较而言，便笺的方法更好用，既便于对想法进行分类，又免去了擦掉重写等麻烦。而对于在地域上分散的团队,则可以借助 SaaS（软件即服务）手段来实现这一过程。

在主持人完成信息收集工作之后,应该对所有输入想法信息进行审核,确保每个人都真正了解自己所填写的内容。在投票之前真正理解所有的想法内容是很重要的。好的主持人需要掌控局面,确保对想法的审核过程不会演变成论证想法正确与否的辩论赛。审核的目的在于确认,而非达成一致。

接下来便是投票环节了。主持人分给每名团队成员相同数量的贴纸（这些贴纸可以在任何一家办公用品商店买到）,团队使用贴纸投票选出影响力大的想法选项。每名成员获得的贴纸数量酌情而定（一般是 3 个或 4 个）,一般由团队成员的数量以及讨论出的选项数量而决定。

在投票过程中,团队成员将圆点贴在自己认为影响力大的选项上。每名成员贴在同一选项上的圆点不得超过 1 个。投票过程需保持安静,避免交谈和相互干扰。投票过程完成之后,团队就能够直观看出优先级最高的要素选项及趋势。而以对问题的描述为基础,项目经理便可以将侧重点放在那些影响力大的选项上,并制订出行动计划。这个时候,用拍照的方式把投票结果记录下来是一种很好的做法。

直观图示

图 5-3 所示的点投票图是对 11 份便笺的反馈信息的投票结果统计,问题的描述是"哪些关键因素会导致团队作出删除某些必需功能的决定,以保证产品能在假期购物旺季之时顺利上市？"问题的描述写在图的顶部。每张便笺代表一个独立的想

法选项,分别贴在不同的位置。每个圆点代表团队成员投票赞成某一选项。

点投票图能够清楚、快速地反映出团队投票的结果,排名最靠前的三个选项分别是:①为了在重新决定功能优先级这一问题上达成一致,决策过程缓慢;②早期性能数据评测显示存在问题,需重新排列资源优先级来解决问题;③唯一的供应商的产品质量存在问题,导致工程延期。

点投票图这一流程工具加速了确定影响力最高的要素选项的过程,便于团队把工作重心放在下一步的根本原因分析上。

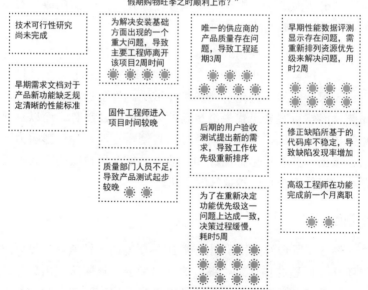

图 5-3　点投票图

新颖之处

点投票图是一种流程工具,团队可以在这种流程中获取大量数据,并且在各成员相互分享的分析基础上迅速确定最相关的要素选项。

工具优势

工具优势主要包括以下几个方面。

(1)提供了一种可以快速组织并排序海量数据和关键要素的机制。

(2)发挥了团队的集体智慧。

(3)为团队成员提供了一种公平地交流想法的途径,并使其负责任地排列事项/要素优先级。

(4)能保证团队始终将工作重心放在最重要的事项上。

(5)能提供数据(经过集体头脑风暴而生成的各事项/要素)的背景,并采用图形化的方式展示最重要的要素。

(6)使用一种实用的工具来解决问题,并针对选项要素采取优先级高的行动方案。

适用情形

有时候,要在团队内部达成一致、得出某个结论,是十分困难的。点投票图旨在快速统一团队意见,避免在选择、决策上浪费不必要的时间。

其他注意事项

点投票图并不适用于所有的数据分析和决策过程。但当你需要处理海量数据、并就重点事项达成一致意见时，该工具不但有助于确定团队行动的正确方向，而且可以作为下一步详细分析的基础。

案例分析

WebCo 企业刚刚完成其旗舰产品新款的上市工作，时间刚好赶上假期购物旺季。为了保证产品按期投放市场且仓库货源充足，企业不得不在产品功能方面作出取舍、以空运的方式运送产品，还赶在最后上市之前完成了固件的升级。现在，产品已经上市，团队组织了一次验视回顾，来自我审查是哪些计划外事件导致企业作出上述昂贵的决定。

项目经理主持召开验视回顾会议，邀请各职能部门（产品管理、工业设计、用户体验、软硬件工程、质量、制造、供应链管理、财务、客户支持等部门）负责人参加。团队制定了如下关于问题的描述："哪些关键因素会让团队作出删去某些必需功能的决定，以保证产品能在假期购物旺季之时顺利上市？"每名与会人员都就项目材料进行了相关准备，以便以事实为依据进行面对面的讨论，争取解决问题。

项目经理主持进行了集体头脑风暴，要求每位成员将想法写在便笺上，然后将便笺收集起来贴在白板上。头脑风暴过程结束后，项目经理发给每位成员三张圆点贴纸，要求他们投票选出影响力最高的想法选项；投票过程要保持安静，以免影响到其他人。

更快更好地决策
项目决策路径图
Project Escalation Map

工具简述

项目决策路径图是一种用来明确组织内决策的边界和渠道的工具。该工具围绕核心项目团队这一概念设计而得,提供了一条路径,帮助核心团队从企业组织最底层出发进行决策,并缩短决策上报至高层领导的时间。

项目决策路径图可以以电子表格的形式制作得出,并按照实际组织结构对其进行自定义调整。在使用过程中,也可以根据项目的复杂程度,就表格的详细程度进行微调。

项目决策路径图工具框架尤其适用于规模庞大的组织,例如,那些设置有项目管理办公室的企业,以及由某一领头项目经理专门负责监管多位项目经理的企业,可以保证整个组织一致采用同一种流程。虽然每一个项目采用的流程可能不尽相同,但在大多数情况下,坚持每个项目统一使用该工具框架有助于快速制定最优决策。

项目经理构建项目决策路径图的过程共分为以下四个步骤。

(1)定义决策的范畴,包括财务、人员、工具和技术性能/功能等。在定义过程中,需要根据企业组织的实际复杂程度权衡范畴的数量。定义太多种范畴,会使整个流程不堪重负;定义太少种范畴,又无法提供有意义的沟通上报路径。

(2）按照各自的职能责任，在每一种范畴中找出一条适当的上报路径。此路径的起点通常是组织内较低级别的成员。某些决策范畴可能存在着并行的几条路径（部门内部和跨部门）。

（3）找出关键组织成员，并定义他们的决策权。进行这一步骤时，需要考虑到项目的不同规模和不同复杂程度。为了保证迅速完成决策过程，有些情况下可以使用双沟通路径（部门和项目）。

（4）与各位成员沟通，就范畴、决策权和上报路径获得一致认同。

直观图示

图 5-4 所示的项目决策路径图为实现高效决策提供了职责和沟通路径。图的左边一栏是决策范畴，中间一栏是每种范畴里的各个具体决策种类，右边一栏标明从普通员工到最高领导层的决策上报路径。并非所有的决策都需要企业最高领导层批准。决策的范围和影响将决定所需决策权的级别。

决策范畴	决策种类	上报路径
产品性能/功能	功能	IC:FL:PM:CT/FD:BU:CMO
人员配置	进度，成本	IC:FL:PM/FD:CT:BU
变革管理	流程	IC:PM:CT
产品成本	成本	IC:FL:PM:CT/FD:BU:CFO:COO
法律	法律	IC:FL:PM:GC
客户服务	进度，成本	IC:FL:PM:BU:CMO
流程改进	进度，成本	IC:PM:PMO

图 5-4 项目决策路径图

项目决策路径图的缩写对照表如表 5-2 所示。

表 5-2　项目决策路径图的缩写对照表

缩写	组织成员	决策权
IC	部门成员	部门内部执行
FL	部门主管	部门任务交付
PM	项目经理	项目交付
CT	跨职能（多部门）项目团队	多部门执行
FD	部门总监（或副总裁）	部门预算
BU	业务部门主管	业务部门任务交付
GC	法律总顾问	法律合规
PMO	项目管理办公室	多项目任务交付
CMO	首席营销官	客户体验
COO	首席运营官	企业执行
CFO	首席财务官	企业财务表现
CEO	首席执行官	企业任务交付

新颖之处

如何制定团队职权范围之外的决策？这是产品研发流程中一直存在的一个现实问题。随着核心团队的作用越发增大，这个问题的答案与团队本身设想之间的差距也越发明显。其实要回答这个问题，只需清楚确定：①谁是能够解决问题的人？②解决问题需要做哪些工作？——项目决策路径图恰好能够帮助团队做到这些。

工具优势

工具优势主要包括以下几个方面。

（1）为决策提供清晰的上报路径，节省时间和精力。

（2）能够教会新成员如何快速决策。

（3）大幅度降低产品延期上市的可能性。

（4）在决策过程中实行责任制。

适用情形

当团队需要作出某种决定的时候，很容易陷入僵局；而在僵局中苦苦挣扎正是阻碍提高产品上市速度的最大路障之一。项目决策路径图能够帮助团队有效应对决策僵局；并提供"何种条件下，谁，有权决定哪些事情"的资料。

其他注意事项

项目决策路径图是一种流程工具，这意味着，只有组织内部上下各层级一致认同该流程，它才能发挥出最大的作用。当团队上报一个问题时，高一级别的管理团队需要做好准备，以便迅速提供指导意见。

此外，团队的素质高低是决定该工具的有效性的重要因素。

我们期望团队成员不但能力强、勇于作出决策，还具备良好的判断力，能够在职权范围内将所作出的决策付诸实践。

案例分析

NetCo 企业目前正忙于其旗舰产品最新一代的发布工作，应该可以按计划在 7 个月后的企业年会上发布产品。该项目的硬件团队目前处在早期设计阶段，工作正在推进之中。虽然企业从固件团队中指派了两名员工参与该项目，但他们却尚未开始工作。硬件工程师 Frank 担心，如果二人不能尽快开始工作的话，会拖累整个团队的进度。通过与固件团队的同事聊天，他得知二人目前还承担着前一代产品的升级任务，未来三周内都无法投身于该项目中。Frank 无法独立解决这一问题，因此他借助项目决策路径图，希望促进问题的尽快解决。

借助本节所示项目决策路径图，Frank 发现该问题属于人员配置的范畴，将会对项目进度产生影响。于是，他把该问题上报至部门领导 Sharon，她同时也是跨职能项目团队的成员。Sharon 无权处理固件工程师的问题，因此她把该（人力）资源冲突问题传达给了项目经理；同时，她还把问题上报至负责管理业务部门所有工程师的部门总监 Jack。Jack 决定，让一名固件工程师继续手头的原本工作，另外一名分出时间来参与该项目。

找出问题背后的根源
根本原因图
Root Cause Diagram

工具简述

根本原因图是对产生某一结果的根源进行挖掘的框架工具，也被称为鱼骨图、石川图。当个人或集体需要就某一特定结果进行系统性分析时，该工具可以提供一种图形化方法，找出所产生结果的最基本、详尽、具体、以事实为依据的原因。该工具的使用方法极其灵活、简单，只需两次时长一小时的会议就能完成。

要找出根本原因，有四个步骤需要遵循。第一步是找出问题，并对问题进行清楚的描述。这一步骤非常关键，因为只有问题描述准确了，才能保证该流程工具生成的解决方案更便于实施。至于如何清楚描述问题，我们将使用代号来做进一步的解释——代号香蕉蛞蝓、蝾螈、蝌蚪，都是加利福尼亚州北部的一些小动物的名字，用来代表正在开发的项目。

清楚描述问题示例如下：

（1）导致香蕉蛞蝓项目需求发生变化的根本原因是什么？

（2）导致蝾螈项目延期上市的根本原因是什么？

（3）导致蝌蚪产品最近发布版本的支持成本偏高的根本原因是什么？

第二步是按照对问题的描述，制定根本原因可能存在的标准范畴。这一步骤可以帮助团队起步，并保证他们能覆盖想到所有可能的原因。一般来说，这些范畴包括：人员、流程、环境、管理等。如果觉得上述范畴太局限，可以使用一些更加详细的范畴，如职能部门（市场、设计质量等）、顺序（启动、概念、设计和测试），或在支持成本偏高时使用一般假设（设计、生产、运输等）。对问题的描述决定了你所使用的范畴的种类。

第三步，找出每一种范畴为何会引起最终结果。这一步骤最多需要重复 5 次（也被称为 5 个为什么）。团队一般会在这一步骤采用石川图或是因果图，将对问题的描述写于鱼骨的头部，图形化地描述各种范畴的影响。但是，如果以电子表格的形式制作，或是团队成员分散各地，石川图就会有些不太方便。而根本原因图是一种更好、适用范围更广的工具，可以利用电子表格将众多原因进行归类，分为主要原因和次要原因。通常来讲，第三步是最困难的一步，在这一步骤使用根本原因图，有助于快速对各种流程进行分组，加快工作进程。

第四步，就得出的最有可能的根本原因达成共识。

应用根本原因图工具的最好方法，是跨职能团队和一名主持人合作，在第一次会议的时候进行上述第一步至第三步的工作——如果参与者就需要分析的问题准备充分，主持人的领导能力也较强，这些工作只用一个小时就可以完成；然后，在第二次会议的时候进行第四步，因为这一步骤包含了数据搜集和分析等工作。

直观图示

图 5-5 所示的是一张根本原因图。最左边一栏按照职能分类对数据进行组织。其余几栏展示的是回答"为什么"并最终找到根本原因的过程。

图 5-5 使用的数据信息来源于本节最后的"案例分析"内容，由于项目测试阶段耗时超出了原计划，团队使用该图来分析问题的根源。如图 5-5 所示，团队并没有问五次为什么；由于团队对某些根本原因可能带来的理解比较透彻，很多时候只问两次为什么就打住，没有再往下继续。在完成图中的任务之后，团队收集数据，并最终决定问题最主要的根源在于质量部门介入太晚。

职能类别	第一次：为什么？	第二次：为什么？	第三次：为什么？
工程	缺乏部件测试		
		缺乏培训	
		缺乏流程步骤	
			管理层不支持流程
		出口标准不清	
	功能规格不清		
市场	产品定义变化		
软件质量保障	人员配置不足		
		经理在测试阶段刚过半时离职	
	士气低落		
		工作过量	
		作用被低估	
	自动化不足		
		预算不足以使用自动化	
	缺乏全面的测试计划		
		质量部门在功能完成时才介入	
流程	设计阶段完成之后，质量部门才介入		
	因流程未强制执行，工程部门不遵循流程步骤		
	管理层在最后关头变更功能		
	发布标准不清		
技术	缺乏测试自动化		
		缺乏预算	
		缺乏最高管理层支持	
	漏洞跟踪系统不力		

图 5-5　根本原因图

新颖之处

在科学的方式方法受到青睐之前，硅谷的工程技术经理们笃信那些更加原始、快捷和松散的产品研发方法的力量。而眼下世界变化如此迅速，经理们常常认为，研究历史对现在的工作没什么帮助。上述两种想法都是错误的。团队不应该犯同样的错误两次。但实际情况却是，很多团队都在重复犯错。

工具优势

工具优势主要包括以下几个方面。

（1）避免团队重复犯同样的错误，从而节省时间，帮助团队对问题实际的根本原因进行管理，实现标本兼治。

（2）减少重新评估的几率，因为团队在项目初期已经做过一次正式评估。

（3）通过来自多个职能部门的所有参与者的通力合作，达成某种共识。

（4）通过促成全面、以事实为依据的决策，防止出现方向性的变化。

（5）使用电子表格的形式，轻松地在地域分散的团队中实现合作。

适用情形

根本原因图可以促成：①以事实为依据的决策；②注重证据的管理。

鱼骨图是找到问题根源的一种非常好的方法，但却不便于会后分享，也不便于在分散式会议中更新；而根本原因图是一种电子表格工具，既便于分享和管理，也便于存档记录。

其他注意事项

参与人员的能力决定了根本原因分析结果的好坏，因而在确定团队人选时需要十分注意。

对问题的描述同样对该流程工具的有效性起着决定作用，即描述问题越详细具体，效果就会越好。

跨职能团队的作用也是毋庸置疑的，因为存在着太多的无意的职能盲点。另外，跨部门合作的方式不仅有利于获取广泛支持，而且使得出的结论更容易获得认可。

最后需要说明的是，深入问题的核心往往需要充足的时间和深思熟虑——仅仅找出表面原因、一般原因等，会使该流程工具的效果大打折扣。

案例分析

CleanCo 企业刚刚开始进行新产品的研发项目。不幸的是，其上一个项目的表现不尽如人意，因为其上市时间拖得太长。团队以及管理层希望这次的新项目能在上市时间方面有所改进。上一项目的问题出在测试阶段。新团队与几名老团队成员聚在一起，对问题根源进行分析，总共开了两次会，会议中间还进行了一些其他工作。团队对问题的描述如下："导致木星项目测试阶段耗时如此之长的根本原因是什么？"团队认为，主要的问题根源应该在于与流程、技术相关的职能领域，因此，他们定义出下列职能类别为主要的根源范畴：

工程；市场；软件质量保证；流程；技术。

团队在第一次会议上就总结出了主题（问题描述）和范畴，因而可以马上投入工作。质量经理曾经接受过根本原因分析的相关培训，因而他作为主持人主持会议。团队在第一次会议上制作出了前文所示的图表，并在会议结束的时候使用点投票图工具选出了排名最靠前的三种根本原因。质量经理与工程经理一起进行了数据搜集工作，在一周后将数据呈现给所有团队成员，以便确认对这三种根本原因的假设是否属实。然后，团队在第二次会议上集体讨论，得到的最主要的结论是：应该在概念审核流程就让质量部门介入、成为团队的正式成员，这样他们才能尽早对测试需求进行预测。

合理利用定性数据
亲和图
Affinity Diagram

工具简述

亲和图也被称为语言分析法、KJ 图,是一种分析语言数据的图形化工具。该图包含了多组多层次的句子,是一种有助于在任何复杂状况下快速达成共识的方法。构建亲和图的第一步,是找出团队需要解决的问题——注意:"问题"和"主题"二者经常互换使用。一般来说,团队用来构建亲和图的问题类型是"什么",例如,"导致最新版平台工期延误的根本原因是什么?"

应用亲和图工具时,项目经理需要召集所有团队成员,对问题进行回顾及讨论。问题需要定义得十分准确,不能太宽泛。然后,每位团队成员将自己对于问题的回答用一句话表述出来,写在尺寸 3×3 的便笺贴纸上。最好使用黑色的签字笔并把字写大些,方便距离远的人也能看到。这句话应该以事实为依据,详细、具体、有针对性,避免使用"总是"和"从不"这类绝对化的词,对想要表达的事实给出具体的描述,并尽可能的量化。例如,针对上段所提出的问题,这样的回答是非常好的:"项目开始后三周,首席架构师辞职,没有人接任。"

最好能够搜集 20 至 25 份答案。通常，一个 7 个人的团队中，每位成员会提供 3 至 4 份答案。团队将所有答案进行整理，对其归类分组，每组不超过 3 份答案（无法归类的答案被称作"孤狼"），最后贴在白板上。这个归类分组的过程通常会进行得十分迅速、自然；如果过程中出现分歧，项目经理需要出面协调，争取在讨论的基础上作出正确的分组判断，但这种情况不应该经常出现。然后，团队给每一组答案加注一个适当的标签，表达其中心思想。

上述步骤完成之后，团队需要查漏补缺，回过头来审视这张白板，看看是否遗漏掉一些重要的要素（问题的答案）。很多时候，查漏补缺这一过程都会带来一些重大发现，因而十分重要。之后，团队再重复一次对问题答案进行归类分组并添加适当标注的流程，得出一张能够体现与问题最相关答案事项的图表，显示出在小组投票基础上得出的票数最高的三组答案。不同答案组别之间，还可以用箭头连接，以表示它们之间的因果关系。为了日后使用方便，建议用拍照的方式保存此图表，并制作成演示文稿。

直观图示

图 5-6 所示的是一张亲和图。每一个方块代表收搜集自团队成员的便笺贴纸上的一份信息数据。该图直观地体现了数据是如何分组并添加标注的。白色贴纸代表问题的答案。带阴影的贴纸是对其下方贴纸所载信息的总结陈述。大写字母部分是

每组答案的总结性标注,而箭头指示出不同组之间的因果关系。

"导致设计线框图稿无法按期完成、影响项目后续阶段的根本原因是什么?"

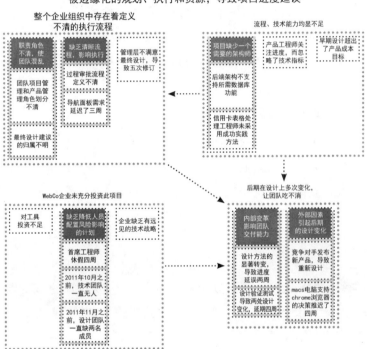

图 5-6　亲和图

新颖之处

亲和图用于总结想法和数据信息,以快速达成某种共识。它不是一种新兴的技术方法,但很多团队却忽略使用它,原因在于他们缺乏对语言数据的价值的了解，不明白如何利用这些定性而非定量的数据进行分析。

亲和图是一种以事实为依据的分析方法，建立在对问题进行准确定义的基础上，能够促进更加深入地认识问题、以其他视角多元化地考虑问题，从而找到更加富有成效的解决方案。

工具优势

工具优势主要包括以下几个方面。

（1）能够直观展现关于某一特定主题的关键驱动因素/答案。

（2）执行过程只需两三小时，十分迅速。

（3）避免重复，避免大量争执，快速达成共识。

（4）广泛适用于企业组织内部的各个职能部门，包括产品开发、研究、流程改进、战略、产品规划和需求，等等。

适用情形

现实生活、业务工作中很多问题是无法量化的，只是一些定性的话语。亲和图可以有效处理语言数据，是建立未来前进方向的最佳技术手段之一。该工具提供了一种视野，引领着拥有共同愿景的所有成员通力协作，集体朝着一定的方向稳步前进。它还有助于解答如下问题。

（1）导致新发布产品的质量低于限定标准的原因是什么？

（2）导致销售情况低于预期的根本原因是什么？

（3）导致无法快速采用新型客户需求管理系统的原因是什么？

其他注意事项

只有合适的人选参与，才能发挥亲和图这种流程工具的最大作用。如果没有一支技术过硬的跨职能团队，便无法发挥该工具的最佳效果——在某些涉及问题主题的重要职能成员缺席时尤为如此。

此外，对问题的准确描述也十分重要，上文已经提到，不再赘述。

最后需要注意的是，回答问题时不应该过于笼统。团队常常会犯这种错误。应该明白，对问题的回答越具体，该流程工具发挥的作用就会越大。

案例分析

WebCo 企业正在研发其新一代产品。设计团队终于完成了产品的最初线框图稿，但耗时太长，远远超出了团队的预期。项目经理 Brian 想要总结这一阶段工作的经验教训，以便了解如何加速项目进度。因此，他决定使用亲和图工具找出工期延误的原因，杜绝此类事情再次发生。对主题问题的陈述是："导致涉及线框图稿无法按期完成的根本原因是什么？"他召集了5名重要的团队成员进行了耗时三小时的会议。他们就问题进行了讨论，决定为问题添加一个限定条件——"影响项目后续阶段的"根本原因，这样重点就放在对项目后续工作的影响上。Brian把便笺贴纸分给每位成员，让他们写下问题的答案。

每名成员都写下了3至4个导致延误的原因，每个原因写在一张便笺贴纸上。然后五人安静地将这些贴纸分组，每组不超过3张，并为包括两张或三张贴纸的组添加标注。在对分组结果进行讨论之后，团队最终构建完成了一份亲和图，并将这份提供有整理好的问题答案的图表提交给了管理层。

根据图表显示，工期延误问题的根源出在流程、资源、变革管理、投资等几个领域。团队希望把重点放在与项目后续工作相关的领域，因此，他们确定出影响最大、最相关的领域为流程定义和执行。又由于导致工期延误的重要原因之一是各部门之间权责不明，因而团队决定使用职能阶段模型工具来确认各自的工作职责。另外，管理层认为团队需要在决策时更加果断，因而启用了越界检查流程，以快速找出导致项目未按既定计划执行的原因并加以解决。

预测改进速度
半衰期图
Half-Life Diagram

工具简述

半衰期图是一种基于组织复杂程度和技术难度的推断工具，得出对组织进行改进或是产生影响所需的时间。这种推断是对流程的一种持续的估测，你能够据其绘制出实际进展情况，如果发现早期偏差，可以及时纠正。

半衰期图包含一个方程式，和一份预期改进曲线图（以时间推移作为横轴坐标）。它使用估测的技术难度和组织复杂程度（高、中、低）作为模型的输入量，以对将近 100 个相似项目所进行的研究[2]为基础，来预测项目改进率。

该工具可以生成一条以时间推移为坐标的目标曲线，项目团队可以利用该曲线估计项目进展状况。虽然很多使用该工具的案例都来自于流程改进、变革管理领域，但是，在其他领域也可以严格使用该工具或使用其灵活变体。在技术难度和组织复杂程度作为输入量的基础上，该工具会输出一份用连续的图

---

[2] 出自美国质量学会期刊《Quality Progress》1988 年 4 月文章《Setting Quality Goals》，作者 Arthur Schneiderman。

形绘制预期改进的图表。半衰期图工具的名字来源于完成改进的 50%所需时间周期,"半衰期"即是纠正错误的一半(也可以乐观地视作完成改进的一半)所需的时间。而如果完成 50%的改进工作需要一个月时间的话,4 个月后项目总改进率为 93.75%。

团队和管理层可以使用该工具追踪项目中期进度,尽早发现问题并加以解决。如表 5-3 所示,由于技术难度和组织复杂程度不同,实施改进所需的半衰期也不同。

表 5-3 团队和管理层使用半衰期图工具追踪项目中期进度

项目类型	示例	一般半衰期	最小半衰期	最大半衰期
单一部门	市场需求文档	3	0~1	6
涉及多个部门	新产品周期	9	6~18	12~48
涉及多个实体	供应商质量	18	12~18	24~48

直观图示

图 5-7 所示的半衰期图直观地体现出企业组织能够期望实现的改进速度。该图的纵轴衡量契合度,横轴是时间函数。曲线表示的是变化的轨迹。在本节最后的"案例分析"内容中,团队预期使用 4 个月左右的时间完成采用新市场需求文档流程的工作。

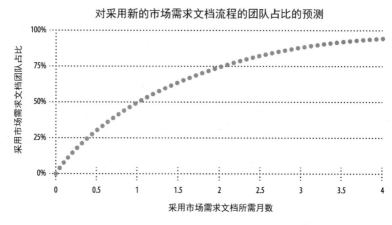

图 5-7 半衰期图

新颖之处

半衰期图工具问世多年,但却一直未被大多数企业广泛使用,因为它不为人所熟知。半衰期图是以复杂程度为基础、确定项目改进可行率的最佳途径。

工具优势

工具优势主要包括以下几个方面。

(1)提供一条目标曲线,对预期目标和实际改进情况进行管理。

(2)不需要大量的前期规划,团队可以快速地将其应用于大多数的改进。

(3)是一种独特的工具,提供一致的、基于事实的指导方针来实现改进目标。

（4）促使团队持续监控项目进度、并与标准对照，保证不偏离方向。

适用情形

半衰期图提供了项目改进的目标，从而可以加速改进的实施。它同时还促使管理层和项目团队提高了对数据和证据的重视程度。并且，它也提供了按需每周或每月进行进度汇报的工具。

其他注意事项

半衰期图这种估测工具，对于技术、人力资源、研发等领域中的流程改进和变革管理项目尤为有效。首先，应该确认该工具是否适用于具体的行动方案。其次，如果能够基于外部事件（每月的周期，或是技术系统上线）预测改进状况，那么应该使用那些情境性更强的估测工具；如果不能，半衰期图才是预测改进率的最好工具选择。最后，企业组织复杂程度和技术难度是难以估计的，使用半衰期图工具进行估测之后应就估测结果进行合理性测试，万一与实际情况相差甚远，不需放弃使用该工具方法——只需对半衰期的估测进行调整就好了。

案例分析

WebCo 企业最近采用了一种全新的市场需求文档（MRD）流程，但尚未大范围推广。企业共有员工约 200 名，在流程推广方面经验不多,所以无法向管理层提供流程采用的基准线。按照以往的经验,团队知道如果仅仅宣称需要作出新改变是不足以打动管理层的,所以他们策划了很多培训课程,并创建了一个内部 wiki 支持平台。但问题是,到底何时才能完成新流程采用工作呢?

准确定义

处在调查阶段的所有按周或按月进行更新的项目中,有几个项目具备市场需求文档?团队认为,只要一个项目中有某一具体文档能够当成市场需求文档使用,不论此文档是何标题,都视为此项目具备市场需求文档。

基线样本

未确定项目阶段时,很难衡量流程采用的基准线。根据由"打孔法"(把项目放在一条标准时间轴上,把标准里程碑事件可能出现的相对位置打孔在时间轴上)取得的样本,目前 WebCo 企业中几乎没有项目在开始阶段就具备市场需求文档。而目标是,达到 90% 的市场需求文档采用率。

半衰期

半衰期是 3 个月(从零开始到完成 50%)。如果企业组织规模相对较小、办公区域集中的话,半衰期应该在一个月左右。

团队同意使用上述假设,如果实际情况出现偏差,会在两周内完成调整。

基线值

目前,WebCo 没有项目(0%)具备市场需求文档。为了增加流程采用基线值,企业需要提供一份示例市场需求文档,保证所有团队在各自项目的产品定义阶段使用这种新形式。下一次管理评审会议上,会检查所有团队的使用情况。

第 6 章
敏捷合作伙伴管理白皮书
Agile Partner Management for Product Development

引言

生产硬件、软件和系统的企业经常让合作伙伴参与到自身的新产品开发工作之中，但能够管理好这些合作伙伴的企业并不多。而使用敏捷式产品开发，无论是 Scrum、看板、动态系统开发方法（DSDM）或是特征驱动开发（FDD），都会使与合作伙伴合作的难度成倍增加。在这些情况下，团队不但需要握有实权,各成员之间更应该紧密连接,团队中某一合作伙伴与其他人貌合神离的状况是无法容忍的。在尝试采用敏捷开发来建立伙伴关系时,产品开发组织应该在合作伙伴关系管理上做到精益求精。

为了能够开发出充满创新性且效益高的产品,充分发挥合作伙伴的作用,我们首先需要认识到的是,企业与合作伙伴之间的关系遵循着一种阶段式周期,称为合作伙伴管理生命周期,与产品生命周期类似。在周期的不同阶段,任一组织内负责处理与合作伙伴的关系的人选及其所扮演的角色,是会随着企业组织与合作伙伴的关系的变化而变化的。在成熟的合作关系中,每位成员都应该接受专业培训,以与其职责角色要求相符;耳濡目染并不能替代专业培训,因为我们的目标是实实在在地提升成员的能力。

接下来,我们使用圆圈点图明确各个阶段负责领导合作伙伴关系的角色人选,以实现最高程度的协作和投资回报最大化。由于双方各有多名成员参与其中,因此我们推荐一款名为合作伙伴沟通导图的工具,以应对合作伙伴管理生命周期的各个阶段可能出现的因交叉沟通引起的目标期望不明确、参与范围扩大等混乱状况。

之后,我们将介绍寻找潜在合作伙伴、评估其实力和缺点、满足主要企业需求的好的实践方法,包括一款名为合作伙伴资格或绩效评分表的工具,用于评估、比较、选定合作伙伴,以及对合作伙伴的总绩效进行定期审查。

很多企业希望能够加速产品研发过程,使其更加敏捷,以适应不断变化的客户需求以及不可预知的竞争对手。我们建议企业在软件、硬件或是系统产品开发中使用敏捷开发原则，因为这是精简流程、且能适应不断变化的需求的最佳方式，具体可参考阅读 John Carter 的博客。敏捷开发原则对于紧密、协作的伙伴关系有着更高的要求，我们将阐述企业组织应该如何实现这种伙伴关系。

另外，为了实现这种协作式的伙伴关系，制定协议或合同时会有所不同。因此，我们提供了一些建议和案例分析，企业组织制定协议时可作为参考。

合作伙伴管理的生命周期

图 6-1 显示的是引入及管理合作伙伴的流程所包含的几个阶段，包括寻找潜在伙伴、资格审查、正式建立关系、实现共生的最佳伙伴关系、在项目及企业中利用这种伙伴关系，以及可能发生的解除关系阶段等。

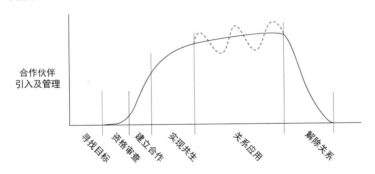

图 6-1　引入及管理合作伙伴的流程图

任何一种伙伴关系正式建立之前，都要经历寻找最合适的项目潜在伙伴的过程。现代互联网和通信工具的发展，使得与来自世界各地的合作伙伴实现完美协作成为可能。因而，寻找潜在伙伴任务的过程可能会相当复杂、宽泛，通常由工程、采购等职能部门持续进行。

在资格审查阶段，潜在合作伙伴被选出后，就要启动对其竞争力、能力等进行审查的流程，确定其是否能够就某一特定工作或更广泛的用途与主要企业相匹配。该阶段可能需要引入一项小型研发项目，用来查验合作伙伴与主要企业团队的实际合作情况。

在正式建立关系阶段，需要拟定合同或是服务协议。这项工作一般由采购部门或是合同管理部门完成，并经由双方法律部门审核。双方各挑选出人员或是团队进行接洽，至少要生成一份关于项目的工作陈述。双方确定通信协议，然后合作正式开始。

关系正式建立之后，合作伙伴关系就进入了共生阶段，双方团队通力协作，建立良好的合作关系，并实现工作效率最大化。如果人员挑选得当，这一阶段的进展会十分迅速；反之，则需要时间磨合，或适当调整人员配置。

寻找、审查及实现一种共生的、具有高生产力的合作伙伴关系，是一个非常大的投资过程。卓越的企业会在共生阶段之后继续进入利用阶段,将同一伙伴关系应用于其他领域或其他项目,以获得更大效益。如图 6-1 所示的虚线部分,在项目开始、结束或是进入不同阶段时,伙伴关系的使用情况会出现消长。这种变化是正常且良性的,对企业来说是一种有价值的灵活性。

最后,会有多种原因导致出现解除关系阶段,例如,接下来的项目无须合作伙伴的专业技术支持、企业决定自主研发、业务变化或存在分歧,等等。大多数情况下,解除合作伙伴关系会有一个缓冲期,但也存在合作戛然而止的情况。当然也有可能,合作双方真正实现了长期共生,便不会出现解除关系阶段,例如,惠普和佳能合作开发激光打印机已经长达 20 年。

要实现与合作伙伴的紧密合作,不可能仅靠企业组织内一个人的力量。大多数时候,合作双方会有多人参与进来,复杂的交叉沟通的情形也会大大增加。下面是涉及企业内部资源和一个或多个合作伙伴时需要定义的一些典型的职位。

项目经理:主要负责可交付任务、项目预算以及整体项目进度等工作。

合作伙伴采购专员:负责合作伙伴资格审查、合同制定和业务管理工作。

技术主管:负责产品研发的高级架构工作,在一些公司里同时兼任项目经理。

专项技术主管：负责某一专项技术（例如，电子、机械、化工、软件等）的研发工作；在系统项目中，主要向技术主管汇报工作。

职能部门经理：管理某一类技术人员（例如，电子技术工程师等）。

高级伙伴经理：此职位一般由高层主管（例如，工程部门总监、副总裁等）担任，负责接洽一家或多家重要合作伙伴等工作。

法律合同负责人：负责拟定并加强合同中的相关法律条款等工作。

上述职位的职责会根据伙伴关系的不同阶段而发生变化。建议使用圆圈点图（见图 6-2）明确各职位的职责角色。在图 6-2 中，纵轴列出了各种职位，横轴则标明其在不同阶段的主要工作职责。在纵轴（职位）和横轴（职责）的交叉之处，实心圆表示此职位人士对该项职责负有领导责任；划有斜线的圆表示此职位人士深入参与该项职责，但不是领导；空心圆表示此职位人士知悉该项职责，但不参与相关决策；留白（没有上述任何一种圆圈）表示此职位人士不参与甚至不知悉该项职责工作。

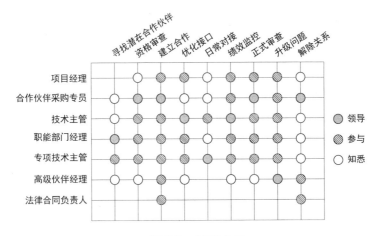

图 6-2 圆圈点图

案例研究表明,每项主要职责最好由一人或一个职位负责;负责人过多会产生矛盾。因此,使用圆圈点图厘清伙伴关系管理各阶段的职责角色时,需要企业里所有相关人士集中起来讨论,列出主要职责,确定由谁负责、谁深入参与、谁仅仅知悉、谁不参与,并达成共识。

图 6-2 显示出了很多系统开发企业中常见的职责分配情形。下面我们分段逐一阐明。

首先,由职能部门经理负责寻找潜在合作伙伴,因为他们技术过硬、了解供应商、善于缩小搜寻范围。

之后,由合作伙伴采购专员负责合作伙伴资格审查工作,此阶段包括:合作伙伴采购专员负责尽早对所有参与伙伴关系管理工作的员工进行培训,帮助他们明确自身岗位职责、通信协议等,避免执行过程中出现沟通不畅、理解混乱等问题;合作伙伴采购专员还应该牵头进行资格审查，将审查候选合作伙伴的技术实力及竞争力方面的情况交由职能部门经理、技术主管和专项技术主管落实，自己负责考察其企业规模、稳定度、以往工作经历等业务因素。我们建议，对于极其重要的项目，至少确定两家合作伙伴当备选，以便在选定的合作伙伴出现无法按期交付等意外状况时能够及时候补。

成功实现资格审查之后，便进入建立正式关系的阶段。此阶段的工作同样由合作伙伴采购专员牵头，包括：制定可能涉及多个合作项目的主要服务协议（MSA），以及就每一具体项目制定至少一份工作陈述（SOW）。工作陈述主要罗列项目的各具体交付任务；而主要服务协议则较为概括、宏观，涉及如时间和材料的专业费用、升级流程、范围变革管理、项目后续支持、合同条款及适用条件等方面。此阶段的工作需要法律或合同部门人士深入参与其中，以确保协议条款充分表达己方诉求；同时，负责接洽、交互的所有技术人员也不应缺席，以便顺利建立良好的工作关系和沟通机制。

如图 6-3 所示，建立良好沟通机制是有成功实践案例可循的。图中标明，主导企业和合作伙伴双方各由哪些角色负责接洽和沟通。此例中的第一位专项技术主管可能主管机械工程师，负责与合作伙伴的机械设计人员协作；第二位专项技术主管可能主管软件工程师，负责管理、执行子合作项目。图中的"×"表示职能部门经理或其他人员在未与己方机械专项技术主管沟通之前，就自作主张地与合作方的机械设计人员对话，这种沟通方法是错误的，会导致双方期望值冲突等不良后果，应该努力避免。技术主管需要协调各项技术子项目，并向项目经理汇报项目进度等各项事宜。职能部门经理的主要任务是保证来自于己方和合作方的技术资源在数量上能到位和在质量上能达到要求。合作伙伴采购专员协助确认合作伙伴在业务问题和法律问题上不出差错。高级伙伴经理与其对应的合作方职位人员通力协作，保证两家企业共同进退，并解决双方关系中可能出现的重大问题。

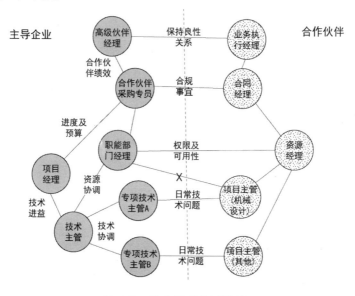

图 6-3　建立正式关系阶段

如图 6-3 所示，与合作伙伴的日常交互沟通通常由专项技术主管或技术主管负责管理，将合作方资源视作常规团队成员。此外，技术主管还应该监控合作伙伴在技术方面的绩效表现，包括任务完成情况、质量要求、时间进度等。一名优秀的合作伙伴采购专员会定期对合作伙伴的绩效表现进行正式审查，一般每季度一次，对比质量、成本、时间进度等方面的实际执行情况和预期，就某些客观指标进行讨论。

合作伙伴资格审查及绩效评估

这里我们介绍一种对潜在伙伴进行资格审查的有效框架工具，将笼统的"资格"一词分解成各项具体标准，分别进行评分并注明原因。例如，假设你有一个快速跟踪系统项目，需要寻找软件开发方面的合作伙伴。你期望合作伙伴是一家使用敏捷或 Scrum 开发的企业，能够和你快节奏的项目团队以及灵活的市场需求相匹配。这时，合作伙伴采购专员需要做的第一件事情就是和项目团队会面，确定所找寻的合作伙伴需具备哪些重要特质。这些特质可能包括以下几个方面。

编程能力：展现出的编程能力，以及使用所指定的语言控制代码的能力。

敏捷：使用 Scrum 开发流程的经验和工作经历。

测试和调试能力：能够实现零漏洞代码的程度，以及完成速度的能力。

文档：完备的自我记录模块。

成本：开发模板所需总体成本，包括开发、客户服务支持及其他费用。

业务稳定度：该合作伙伴是否具备长期合作的能力。

上述特质只是作为范例，你可以根据实际情况确定不同的或其他的特质。我们建议，事先应确定挑选5至12项特质。事先确定需要重点关注的特质，可以避免在实际挑选合作伙伴时的讨论过于情绪化，也有助于使资格审查过程清楚明晰、一目了然，还可以使用雷达图或蜘蛛图（见图6-4）将数据直观地展示出来。

每一项特质（图6-4中每一条轴）按照从0分至5分评分，具体标准如下：

0 = 供应商对此丝毫不懂

1 = 供应商有过尝试，但能力不足（或其他负面评价）

2 = 供应商的能力低于平均值

3 = 供应商的能力略高于平均值

4 = 供应商能力出众

5 = 供应商是该领域的世界领导者

如果任何一项重要特质/指标评分低于2分，则该供应商或合作伙伴的资格就不符合要求。而如果每一项重要特质/指标评分均高于3.5分，则意味着该供应商或合作伙伴十分具有合作潜质。

从图6-4所示的两家潜在合作伙伴各指标的评分情况可以看出，A企业竞争力高且使用敏捷开发，但成本极高（因而在成本方面得分很低）；B企业在成本方面较为合理，但能力平庸。由上比较，团队可以根据自身实际情况作出最佳抉择。

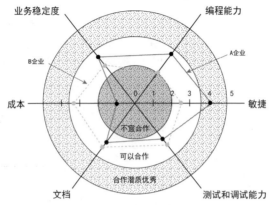

图 6-4　两家潜在合作伙伴各指标的评分情况

上述指标评分系统同样适用于选定合作伙伴之后定期对其绩效表现进行评估、审查。每项指标由指派从事伙伴关系管理的专人负责评分。例如，编程能力、敏捷两项指标可由技术主管或专项技术主管根据日常合作情形评分，测试和调试能力、文档两项指标可由另外一名专项技术主管或职能部门经理负责评分，成本、业务稳定度两项指标可由合作伙伴采购专员负责评分。

合作伙伴采购专员应该定期召集团队进行评分，一般每季度一次，并将评分原因归档。这里介绍一种快速且趣味性强的评分方式——"评分扑克"，它与"计划扑克"类似。首先，给参与评估的每位成员分发牌面为 1、2、3、4、5 的扑克牌。然后，挑出一项评估指标，让每位成员为合作伙伴的工作表现评分，同时将代表分数的扑克牌牌面朝上放在桌子上。如果分歧较大，则需要请评分最高者和评分最低者稍作解释，之后重新进行一轮评分。两三轮之后，成员们给出的牌面分数应该相差在 1 分以内，这时便可以求出该项指标的平均分值。合作伙伴采购专员本人，或者由其指派的成员，对评分原因进行记录并归档。

完成评分之后，合作伙伴采购专员、技术主管和高级伙伴经理需要与合作伙伴企业内相应职位人员会面，共同讨论评分情况。据我们了解，这样的会面通常成果丰富，且能够收到供应商和合作伙伴的良好反馈，不仅有助于设置清楚明确的合作期望，还能不掺杂任何情感或私人因素地给予对方客观的反馈及改进建议，有理有据。而且，若是每次评分都遵循一致的标准，更有利于供应商或合作伙伴改进工作，避免出现新的、未定义的期望值。

敏捷合作伙伴管理和协作

无论你是在研发软件产品、软硬件结合产品或是纯硬件产品，部分或完全使用敏捷开发方法/原则皆有益于你与合作伙伴的协作。与传统的瀑布式项目管理方法不同，敏捷开发：

- •把权力下放给整个产品开发团队；

- 推进创新（甚至由合作伙伴推进创新）；
- 能够在整个开发周期接受产品定义变更；
- 鼓励硬件、软件的递增式建模；
- 拉近开发者和终端用户之间的关系；
- 利用可预测的进度指标；
- 鼓励项目中期回顾和流程改进。

敏捷软件开发的原则最早出现于 2001 年 2 月，称为"敏捷宣言"。并且，其中的很多条原则广泛应用于各种电子、机械产品研发中。在下面的 12 条敏捷开发原则中，我把原本的"软件"一词用产品或原型进行了替换（注意，仅有 3 处替换，用下划线标注）：

（1）最重要的是通过尽早和不断交付有价值的<u>原型和产品</u>来满足客户的需要。

（2）我们欢迎需求的变化，即使在开发后期。敏捷过程能够驾驭变化，保持客户的竞争优势。

（3）经常交付可以工作的<u>原型</u>，从几星期到几个月，时间尺度越短越好。

（4）业务人员和开发者应该在整个项目过程中始终朝夕在一起工作。

（5）围绕斗志高昂的人开展工作，给开发者提供适宜的环境，满足他们的需要，并相信他们能够完成任务。

（6）在开发小组中最有效率也最有效果的信息传达方式是面对面交谈。

（7）可以工作的<u>原型和产品</u>是进度的主要度量标准。

（8）敏捷过程提倡可持续开发。出资人、开发人员和用户应该总是维持不变的节奏。

（9）对卓越技术与良好设计的不断追求将有助于提高敏捷性。

（10）简单——尽可能减少工作量的艺术至关重要。

（11）最好的架构、需求和设计都源自自我组织的团队。

（12）每隔一定时间，团队都要总结如何才能更有效率，然后相应地调整自己的行为。

除去交货时间较长等特殊情况外，许多硬件项目是可以发挥研发周期短且频繁的优势的。快速原型技术越来越多地为很多类型的研发所用，其中包括硬件的 3D 打印技术、印刷电路板，以及用于快速制作特定用途集成电路的门阵列。此外，用于电子、传感器和其他硬件组件建模的模拟器和仿真器的速度越来越快，准确性也越来越高。

本白皮书无法面面俱到地介绍用于软件或软硬件系统研发的敏捷开发过程的所有细节及使用 Scrum 方法的成功实践案例，但我们将说明合作伙伴是如何在此框架下实现协作的。我们将挑选最具代表性的合作伙伴关系进行阐述，即拥有多名工程师的合作伙伴企业负责主要企业的产品的某一组件或某一部分研发工作的情况。例如，为了研发一款通过蓝牙或无线连接家庭网络或互联网的智能设备，主要企业负责研发设备及控制系统，而合作伙伴负责连接网络所需的电子硬件、软件等部分的工作。合作伙伴负责的通信子系统十分重要，是产品的关键组成部分，与主要企业负责研发的设备控制系统有很多交互接口，因此，双方团队必须实现无缝对接。

在处理这类合作关系时，很多企业会采取传统的方法，保持与合作伙伴之间一定的距离，即按照一定标准寻找一家或多家开发分包企业，告诉对方："我们需要这样的子系统。你们多久能完成？研发过程需要花费多少钱？制造生产完整的组件需要花费多少钱？"这种询问方式会让潜在合作伙伴在提报竞价时加入额外的时间和金钱，以克服存在的重大风险（不仅仅是技术风险，同时还有可能经常出现的标准发生改变或是"出错"的风险等）。负责伙伴关系管理的人员无法了解及核查承包商提出竞价的基础，所以只能被动接受竞价，听天由命。一旦双方团队各自为政，沟通的机会便少之又少。合作双方埋头完成各自的开发工作，但到了需要将双方所开发的组件进行整合的时候，便会出现诸多问题，包括需要修复大量漏洞等，从而导致工期延误、预算大幅增加等不良后果。

而在更短的时间内，以更低的成本研发出更好的产品的方法是什么呢？就是寻找一家可以一起遵循上文提到的敏捷原则的合作伙伴，按照第五条敏捷原则所述，由承包商提供最好的、最有想法的员工与主要企业展开合作开始，给予双方团队所需的环境和支持，以及不受干预、可以独立作出决定的决策权限；

并且，如第十一条敏捷原则所述，在一定的边界条件之内，鼓励承包商团队进行创新，以增加产品的价值。

如第六条敏捷原则所述，理想状态是双方团队成员每天进行良性互动，但这并不太符合现实情况。在 Scrum 软件开发协作团队中，每天的交流方式是双方在简短的晨会上聚到一起，汇报前一天的工作进展，提出新一天的工作计划。远程团队可以采用每天进行一次网络会议的方式达成同样的目的。当团队分处不同时区时，这种网络会议通常是在各成员工作时间重合的时候进行。

敏捷合作开发接下来要做的就是在尽量短的时间内建成工作原型（或者至少建成模拟器），并且定期的、频繁的将其进行整合，如第三条敏捷原则所述。在上面的例子中，主要企业可能会使用带有最终传感器或物理元件的模拟器的早期设备"试验板"，与合作伙伴提供的通信模块早期原型相整合。"试验板"就像是一张桌子，所有的元件都摆放在桌面上来模拟工作状态，而尚未考虑它们最终的组成方式。当然，子原型会与最终的组成方式及功能越来越接近，模拟器的使用也会越来越少。

频繁重复原型周期有助于团队更加了解终端用户需求，如第四条敏捷原则所述，开发过程通常需要一名专职产品经理全程参与，有些时候甚至需要与真实的终端用户进行接触。产品经理代表着终端用户未得到满足的实际需求，并为产品建立用户案例。随着子原型的测试，开发团队会发现用户案例（或消费者需求/用户故事）发生变化，因而这些改进或变化可以融入下一代原型的构建。满足客户需求（或不断变化的需求）的进度可以通过燃尽图或其他敏捷管理工具进行衡量，但如第七条敏捷原则所述，最好的度量指标是原型数量、质量以及不断增强的可用性。

如第十二条敏捷原则所述，在产品研发中，整个团队（包括子系统承包商）应该开展自我反省检讨；管理层不予以评论，仅是团队就如何更好地共同工作进行回顾审查。他们应该问问自己："我们在哪些方面做得不错？哪些方面还需要改进？"同时需要对某些重大的问题事件进行根本性分析。这种验视回顾可以帮助团队不断成长，并在第九、十、十一条敏捷原则所述方面有所改进。

敏捷合作伙伴协议及总结

关于合作伙伴协议，敏捷产品开发在仅规定某一固定交付任务的固定费用之外，还需要更多的信任。规定了时间和材料的合同可能有效，但很多主要企业担心这样的合同会被合作方视为"空白支票"。这样的担心可以理解，但其实大可不必，因为合作方希望建立长期的合作关系，不会漫天要价。这类合同通常包括对提前交付的奖励，以及对延期交货或其他问题的处罚措施。

我们发现，风险收益分成式合同能够使合作双方皆充分受益于合作伙伴关系。在这样的合同协议中，合作伙伴的基本报酬基于时间和材料方面的合同条款（但这部分报酬也许仅能覆盖其成本支出），然后还可获得产品面市后一定比例的收入或利润作为奖励；如此一来，合作伙伴便会主动使用其优秀的人才资源、最高的创新标准来帮助产品获得成功，并缩短产品面市的时间。

总之，现今的企业要想在新产品开发中具有真正强大的核心竞争力，必须认真重视并做好合作伙伴关系管理。但问题是，很少有企业像重视产品生命周期管理那样对合作伙伴生命周期管理投入应有的关注和努力，即使后者能让他们获益许多。传统的、让合作伙伴"自己待在一边开发组件"的做法，不但会延长开发时间、增加开发成本，而且会因为需求变更、期望不一致等引发双方的矛盾，这样是无法利用合作伙伴的资源及能力更好地实现产品的创新及价值的。在很多案例中，合作伙伴仅参与主要企业的某一个项目便终止合作；团队不得不为新项目重新寻找合作伙伴。这样一来，之前已经经历的合作伙伴关系生命周期的前三个阶段又得重新经历一次，造成了投资的极大浪费。

想要出色地管理合作伙伴关系，需要大量的培训、实践，并力求不断改进。希望本白皮书提供的合作伙伴关系管理的案例，以及一些简易的图形化工具、成功实践方法，会对你有所裨益。

敏捷合作伙伴管理相对来说更难一些，需要管理妥当上述各项基础、遵循各项敏捷原则，以达成成功的协作，在短时间内交付出符合用户需求的优秀产品。

附录 A
Appendix A

解决焦点共同问题的工具组合

本书每章所述的工具均可以独立使用。单独使用各种工具能够解决问题,将多种工具结合起来使用能够获益更多。以下是阻碍企业在创新与速度方面更上一层楼的一些共同问题的范例。

(1)提高产品交付的可预见性。

(2)管理变革。

(3)最大限度地降低风险。

(4)组建高效开发团队。

（5）运用社交网络创新产品。

（6）流程创新。

（7）流程改进。

（8）验视回顾。

（9）数据指标。

（10）定义产品。

（11）项目管理。

提高产品交付的可预见性

提高产品交付的可预见性，需要改进两个基本工作流程：①工作的规划，②工作的执行。我们有多款工具可以解决上述两个领域里出现的问题（见附表 A-1）。规划进度的最佳工具是团队 PERT 图和进度估计模型；而边界条件图、越界检查等工具可以帮助你快速应对变化和异常情况，以便有效执行。

附表 A-1　解决工作规划和工作执行情况的工具汇总表

章名	工　具	节　名
前言	产品创新流程	产品管理提速
管理	边界条件图	设置项目边界条件
管理	越界检查	使项目快速回到正轨
执行	简略版进度估计模型 精确版进度估计模型	快速预估项目进度 准确预估项目进度
执行	团队 PERT（计划评审技术）图	通过团队协作缩短项目周期
执行	任务燃尽图	实时跟踪项目进度
执行	交付命中率走势图	管理交付速度
执行	进度预测准确性图	进度风险早期预警
组织	人员比例模型	跨职能工作量优化

管理变革

到目前为止，使一个组织能够快速创新、交付产品的最大因素是有效地管理变革（见附表 A-2）。管理变革需要你清晰设定目标，以及改进组织管理方式，以适应组织从现有状态进展至期望状态。

附表 A-2　有效管理变革的工具汇总表

章　名	工　具	节　名
战略	技术规划蓝图	预测未来科技发展趋势
战略	产品规划蓝图	厘清产品研发方向
组织	态度影响图	消除政治路障
组织	变革影响模型	理解变革后果
流程	项目决策路径图	更快更好地决策

最大限度地降低风险

任何产品的发布都存在着风险。但是，你可以通过运用风险思维导图预测风险，运用风险管理模型监控风险，从而显著地降低风险（见附表 A-3）。而产品雷达图可以从商业视角提供对整体产品属性的全面见解，以帮助你最大限度地降低市场风险。

附表 A-3　可以降低市场风险的工具汇总表

章名	工　具	节　名
战略	产品雷达图	合理权衡产品
管理	风险思维导图	全面概述主要风险
管理	风险管理模型	预测及降低风险

组建高效开发团队

优化团队的执行力,是加快产品交付的关键。应用以下工具可以使项目开发核心团队的角色和职责定义得更清楚明确,在变化发生时引领团队、有效管理团队成员,从而获得成功的最佳机会(见附表 A-4)。

附表 A-4　优化团队执行力的工具汇总表

章名	工具	节名
前言	核心团队角色与职责	高效率的产品开发团队
管理	九步行动计划	让团队拥有良好开端
管理	职能阶段模型	避免职能分配遗漏
流程	项目决策路径图	更快更好地决策
执行	项目效率图	职能内工作量优化
组织	项目团队轮盘	确保项目团队拥有正确的人员配置

运用社交网络创新产品

使用社交解决方案推动产品创新,是现时急剧上升的一种趋势。通过运用这一新兴技术,组织不仅能够轻松催化自身团队的创新思维,也能够更加贴近客户。这项技术入门比较困难,但一旦上手,就简单多了。不妨先从社会创新准备度记分卡起步,然后进一步尝试使用社会创新成熟度记分卡,以及社区产品需求图(见附表 A-5)。

附表 A-5　使用社交网络推动产品创新的工具汇总表

章名	工具	节名
战略	社群模型	充分利用社交网络
组织	社会创新成熟度记分卡	改善社群、促进社会创新
组织	社会创新准备度记分卡	应用社群进行产品创新
执行	社区产品需求图	使用网络社区了解用户体验

流程创新

虽然创新技巧在本书中比比皆是,但这两种工具是专注于解决创新改进的问题的:产品创新流程法提供整个产品生命周期的总体框架;综合创新导图则描述了推进创新的关键环节(见附表 A-6)。

附表 A-6 流程创新的工具汇总表

章名	工具	节名
前言	产品创新流程	产品管理提速
战略	综合创新导图	更快、更好地实现创新

流程改进

缩短产品上市周期,不是一个一夜之间就能达到的目标。通过改进整个产品开发周期的流程,可以减少浪费(见附表 A-7)。四区域导图是一种流程导图工具,可帮助发现产品开发进程中的问题;根本原因图、亲和图可帮助分析这些问题;而半衰期图能够了解、预测改进的速度。

附表 A-7 流程改进的工具汇总表

章名	工具	节名
流程	四区域导图	厘清各部门职责
流程	根本原因图	找出问题背后的根源
流程	亲和图	合理利用定性数据
流程	半衰期图	预测改进速度
流程	事件时间轴生成图	衡量计划外事件的影响
流程	点投票图	快速制定集体决策

验视回顾

项目结束时会有一个回顾性的验视流程,可利用下列工具分析问题和综合共同主题(见附表 A-8)。

附表 A-8 验视流程的工具汇总表

章名	工具	节名
流程	事件时间轴生成图	衡量计划外事件的影响
流程	点投票图	快速制定集体决策
流程	根本原因图	找出问题背后的根源
流程	亲和图	合理利用定性数据

数据指标

数据指标在与竞争对手作比较(通常包括结果数据)并指导改进(通常包括预测数据)时非常有用(见附表 A-9)。人员比例模型、项目效率图能够帮助你测试组织,而预测指标树则有利于改进预测数据指标的制定。

附表 A-9 数据指标的工具汇总表

章名	工具	节名
管理	预测指标树	指标快速预警
组织	人员比例模型	跨职能工作量优化
执行	项目效率图	职能内工作量优化
执行	进度预测准确性图	进度风险早期预警
执行	交付命中率走势图	管理交付速度

定义产品

产品定义不清或变更是造成产品上市延迟的最常见因素,因此花费时间定义产品非常值得,能够促成最好的革新。附表

A-10 所示的工具提供了定义产品同时提升上市速度、有效利用产品平台的改进建议。

附表 A-10　定义产品的工具汇总表

章名	工具	节名
战略	产品规划蓝图	厘清产品研发方向
战略	产品雷达图	合理权衡产品
战略	平台衍生图	实现平台价值最大化
管理	需求管理模型	加速创新产品定义

项目管理

通常来说，项目管理最关键的作用之一是确保项目准时且在预算期内交付（见附表 A-11）。项目效率图可帮助项目经理关注效率，项目团队轮盘、职能阶段模型可帮助描述其角色作用，多项目饼状模型导图、团队 PERT（计划评审技术）图可帮助其更好地规划，越界检查可帮助项目回到正轨。

附表 A-11　确保项目准时交付的工具汇总表

章名	工具	节名
管理	多项目饼状模型导图	多项目组合一览
管理	职能阶段模型	避免职能分配遗漏
管理	边界条件图	设置项目边界条件
管理	越界检查	使项目快速回到正轨
执行	项目效率图	职能内工作量优化
执行	团队 PERT（计划评审技术）图	通过团队协作缩短项目周期
组织	项目团队轮盘	确保项目团队拥有正确的人员配置

论产品及时上市的重要性
本节作者为Stan DeMarta

在今天的市场上,适时推出一款产品比以往任何时候都更加重要。例如,在消费业务领域,产品生命周期很短(6~18个月)。此外,所有主要实体传统零售连锁店有非常明确的重置循环,它们每年会有一至两次将新产品摆上商店货架的机会。

我们使用附图 A-1 来说明及时上市的重要性,以及延迟上市所造成的成本浪费。

附图 A-1 描述了一个非常简单的产品销售的生命周期。假定此产品计划有大约 1 年的市场寿命。需要特别指出的第一个重要特征是上市日期。这个日期是由内部因素决定的,即企业基于开发进度、制造环节的生产能力、各分销渠道的填充等各个因素来设定这个日期。

需要注意的第二个特征是报废周期(即 EOL 周期),在此例中指的是从 2011 年 3 月 1 日至 2011 年 6 月 1 日。在这个周期中,所述产品将不再销售。多种因素可能造成这种情况,比如,市场份额被强劲竞争对手产品抢占,或是产品中所使用的关键部件寿命结束。在几乎所有的情况下,报废周期都是由外部因素(即企业控制之外的因素)决定的。

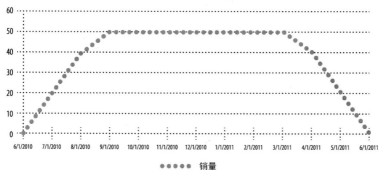

附图 A-1　产品及时上市的重要性

附图 A-2 显示出了延迟上市所造成的影响。因为产品上市日期是由企业内部决定的，所以企业可以将其推后，此例中推后了 1 个月。但是，产品报废日期并不像大家认为的那样也相应推后 1 个月。如上所述，报废周期是由外部因素决定的。所以此例中，产品报废日期并不会改变。附图 A-2 中所画的两条曲线下方区域面积的差值，就是产品延迟上市所损失的销量。

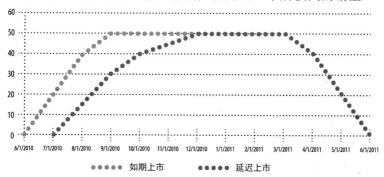

附图 A-2　产品延迟上市所造成的影响

附图 A-3 描绘了一种更极端的情况,我们看到,延迟上市的影响是巨大的,部分原因是该企业一直无法填满其分销渠道。与附图 A-2 相同,附图 A-3 中两条曲线下方区域面积的差值,表示的是产品延迟上市所损失的销量。到了这个时候,企业应该仔细核算其开发成本,以确定该产品是否有实际利润。

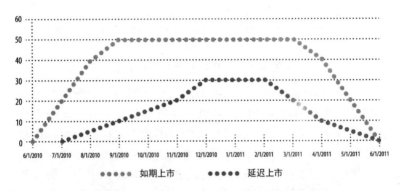

附图 A-3　产品延迟上市的影响是巨大的

经验教训

延迟上市不仅会带来额外的非经常性的工程成本增加,更重要的是还会大幅度降低销量。

为了解决这个问题,企业应该通透了解能保证实现产品核心功能,并如期在合适日期上市所需要的最低产品配置——这项任务实际上做起来比大多数产品经理想象的更难。产品经理经常增加产品"无谓的"功能,他们总是声称这些功能是必需的,但实际上可有可无,却会徒增产品开发时间,导致产品延迟上市,或者分散注意力,造成产品核心功能的缺失。

不要花费额外时间,意图设计出完美的产品。原因有以下两方面。

(1)如上述三个图所示,此举将使企业错失可观的收入。

(2)只有市场知道什么是完美的产品——较聪明的做法是把产品的初版早早地交到用户手中,再向用户学习如何升级优化它们。

从一开始,就应该制订好新产品各功能的分阶段实现计划。否则,企业将遭遇下面两种情况之一。

一种是企业付出良多,追赶进度,但最终却得到有些功能完成、有些功能部分完成、有些功能搁置未做的状态。并且,企业已经完成的,也不一定是产品的重要功能。分阶段计划的目的便在于优先完成产品交付、发布所需的核心功能。

另一种是企业错过了产品上市日期,最终导致了如附图A-2所示的场景。

可供下载的在线工具

应用本书所述工具将会显著帮助企业提高自主创新能力，同时加快产品上市速度。但对于快速发展的企业来说，起步入门也许有些困难。因此，我们提供了一组可供下载的在线工具，方便应用，快速见效。

在与客户的合作过程中，我们发现，通过自定义软件形式提供相关示例，更有利于实现这些工具的应用。我们在网站上提供了一些支持性的应用范例，以供参考。企业可以下载副本，参考并定制自身项目。

网址：https://tcgen.com/tools。

关于作者
About the Authors

John Carter

在其35年的职业生涯中，John Carter先生做过首席执行官，创立过公司，是一位技术领域广受尊敬的咨询顾问。他是TCGen企业的负责人，为思科、NetApp、Sausalito Audio、Teachscape等大大小小的技术企业提供过战略、运营方面的咨询建议；现在是Cirrus Logic（CRUS）企业的董事会成员。他成功领导了许多领先的消费电子产品的开发工作；还曾经以首席执行官和首席技术官的身份在Chelix、Livescribe、Klipsch等企业任职。

他是Product Development Consulting, Inc.（PDC）企业的创始人及负责人，这家企业总部位于波士顿，是咨询领域的领头企业，曾经为多家财富500强企业提供过研究、开发、市场等领域的咨询工作。他为高科技企业提供过咨询服务超过15年，客户包括苹果、思科、惠普、IBM、3M等企业。他一直在凯斯西储大学教管理学课程，并受邀在麻省理工学院和斯坦福大学演讲，还担任国际产品开发协会、戈登学院、管理圆桌会议的顾问。

在创办PDC企业以前，他是Bose企业的首席工程师，负责管理声波音乐系统、无线电台、家庭影院、降噪耳机等技术的研发工作。他是Bose企业进军汽车OEM业务的引领者之一，并领导 Bose 企业专利降噪技术产品进入军用品市场。

他在克莱尔蒙特市的哈维穆德学院获得工程学学士学位，而后在麻省理工学院进修电气工程，获得硕士学位。

Jeanne Bradford

在其长达 25 年的职业生涯中，Bradford 女士曾经在涉及多个领域的多家高科技企业供职，是商业和技术上的领军人物。她曾经在苹果、思科、美国在线（AOL）等行业领军企业工作，负责顶尖产品和技术的开发工作。

她负责主持了苹果新产品开发流程的重新架构工作，缩短了 Mac 电脑生产线的产品上市时间，并研发出了用于生产 iPhone 和 iPad 的流程。此外，她还是苹果负责全球同步上市、全球制造成熟度、客户反馈项目等团队中的重要领军人物。她是 AOL 技术领导团队的一员，运用自身出色的将产品规划蓝图付诸实践的能力，以及对复杂的全球项目的领导力，成功完成了企业广告营收战略（aol.com）的实施执行工作。

她是一名以结果为导向的领导者，善于组建精简高效的跨国团队。她的能力和专长包括产品规划蓝图执行、远程研发、产品研发成功案例实践、项目管理，等等。她经常就产品研发成功案例实践、利用新兴社交技术进行社会化产品创新等问题进行演讲。

她是密苏里大学数学学士，还获得了圣塔克拉拉大学的工商管理硕士学位。

合作伙伴
Contributors

我们有幸与创新领域和产品研发领域优秀的思想领袖们共事。我们十分感谢他们对于本书的大力支持和帮助。下面提供他们的网站,以方便各位读者学习参考。

Paul Dandurand

PIEmatrix 创始人兼首席执行官,www.piematrix.com

Dandurand 先生在创办企业和促进企业发展方面有着丰富的经验。在创办 PIEmatrix 之前,他曾经是 FocusFrame 的联合创始人、联合总裁兼董事,使用差异化流程使 FocusFrame 成功成为行业的领导者,然后于 2006 年被 Hexaware 收购。他曾经任职于安永会计师事务所(现为凯捷咨询公司)和希柏系统软件有限公司,积累了丰富的企业项目管理经验。任职 PIEmatrix 期间,他大力发扬了创新、客户价值等理念。

Dr. Scott S. Elliott

TechZecs LLC 创始人兼负责人,www.techzecs.com

Elliott 博士在高新电子设计、制造、供应链管理方面经验丰富,享誉世界。他在工程、管理、咨询领域浸淫 25 年,对科技行业的各个层面，包括经营战略调整、供应链管理、世界一流的制造、研发管理等，有着独特且切合实际的理解。他曾经供职 4 家企业董事会，拥有 2 项专利，撰写或联合撰写发表了超过 50 篇关于技术、研发、技术和经营管理等方面的文章，经常就企业管理、技术、发展趋势以及电子和光学领域的设计制造成功实践案例进行演讲并提供指导。

Wayne Mackey
Product Development Consulting, Inc.负责人，www.pdcinc.com

Mackey 先生在大型工程、制造、采购企业从事管理工作 20 多年，积累了丰富的专业知识。他所做的管理咨询主要集中在产品/服务开发领域，尤其是协同设计、指标、供应链管理、企业战略实施等方面。他是一位天生的变革推动者和领导者，为多家财富 500 强企业、大学（斯坦福大学、麻省理工学院和卡耐基梅隆大学）和政府部门就产品开发、供应链管理、快速实施企业内变革等业务提供咨询服务。他同时还担任过资深科学家、材料业务经理、项目经理、工程经理、系统工程经理等多种角色。

Sheila Mello
Product Development Consulting, Inc.管理合伙人，
www.pdcinc.com

Mello 女士是畅销书《Customer-Centric Product Definition: The Key to Great Product Development》的作者和《Value Innovation Portfolio Management: Achieving Double-Digit

Growth Through Customer Value》的作者之一，PDC 任事股东，产品开发领域广为人知、备受推崇的专家。咨询客户从她多年在产品开发、软件、硬件、工程、市场、质量、制造、销售、服务等领域的管理及执行经验中受益匪浅。她就客户需求定义流程做了大量研究工作，是帮助企业实施以市场为导向的产品定义项目并将其制度化的专家。在加入 PDC 之前，她曾任职于 Bolt Beranek & Newman、Wang Laboratories、Palladian Software、Distribution Management Systems 等企业董事、副总裁，以及 Arthur D. Little, Inc.首席顾问。

Barbara Shannon
TSG（The Shannon Group）联合创始人，
www.shannon-solutions.com

  Shannon 女士 20 多年来为高级管理者就业务转型方案提供指导，其专业领域包括变革管理、项目管理、战略规划等。她曾经与来自于惠普、洛克希德·马丁、应用材料等财富 100 强企业、财富 500 强企业的高级主管合作，帮助他们制定新发展战略、实施并购整合方案、定义和部署新商业模式、管理大型系统实施工作。在创办 TSG 之前，她曾在德勤担任高级主管，现在是沃顿商学院的客座讲师，为大型会议、咨询公司、高管培训等撰写并教授案例分析，其中包括 Gartner 业务流程再造大会和沃顿工商管理硕士项目。

Jeffrey Harkness

Hark Digital 创始人，www.hark.bz

早在创建第一家设计咨询企业 Diesel Design 之时，Harkness 先生就因其在网页设计开发领域的出色表现而闻名国际。从 1998 年开始，他制作了数百个企业网站，主持召开行业大会，在许多设计竞赛中展示自己的作品。他所创办的企业 Hark Digital 现在总部设在佛蒙特州，目前致力于少数创新型企业的数字化页面实现工作。他毕业于卫斯理安大学，并多次在美国各地就设计、创新流程等题材进行演讲。

参考文献
References

Babson Executive Education and Mzinga. Social Software in Business Survey. http://www.mzinga.com/.

Susan Cain, The Rise of the New Groupthink, New York Times, Opinion Section, January 13, 2012.

Wayne F. Cascio, Managing Human Resources: Productivity, Quality of Work Life, Profits, McGraw-Hill, 8th edition, 2009.

Kevin P. Coyne and Shawn T. Coyne, Brainsteering : A Better Approach to Breakthrough Ideas, HarperCollins, 2011.

Fast Company, http://www.fastcompany.com/most-innovative-companies/2011/.

Karan Girotra, Christian Terwiesch, and Karl T. Ulrich, Idea Generation and the Quality of the Best Idea, Management Science, MS-01219-2007.R1, ScholarOne Manuscript Central, 2007.

Kenji Hiranabe, "Visualizing Agile Projects using Kanban Boards," http://www.infoq.com/articles/agile-kanban-boards, accessed November, 2011.

Larry Huston and Nabil Sakkab, Connect and Develop: Inside Proctor & Gamble's New Model for Innovation, Harvard Business Review, R0603C-PDF-ENG, March 2006.

R. S. Kaplan and D. P. Norton, "The Balanced Scorecard - Measures that Drive Performance," Harvard Business Review, January 1992.

Ron LeFleur, "The Responsibility Matrix (Circle Dot Chart)," http://www.ttoolboxes.ca/blog/index.cfm/2008/10/18/The-Responsibility-Matrix-Circle-Dot-Chart, accessed November 2011.

Jeffrey Liker and Walton Hancock, Organizational Systems Barriers to Engineering Effectiveness, IEEE Transactions on Engineering Management, EM-33 (2), 1986, pp. 82-91.

Merriam-Webster Dictionary, 10th Edition, Merriam-Webster, Incorporated, Springfield, MA. 1996.

Merriam-Webster Dictionary, http://www.merriam-webster.com/dictionary/ execution, accessed January 2012.

Andrew S. Rappaport and Shmuel Halevi, "The Computerless Computer Company," Harvard Business Review, 1991, http://hbr.org/1991/07/the-computerless-computer-company/ar/1, accessed September 2011.

Eric Ries, The Lean Startup, Crown Business Press, 2011.

David Robertson, Platform Product Development, Baan Company, March 1998.

Arthur Schneiderman, "Setting Quality Goals," Quality Progress, April 1988.

George Stalk Jr. and Thomas M. Hout, Competing Against Time, Free Press, 1990.

Christian Terwiesch and Karl Ulrich, Innovation Tournaments: Creating and Selecting Exceptional Opportunities, Harvard Business School Press, May 2009.

Warren Toomey, The Strange Birth and Long Life of Unix, IEEE Spectrum, December 2011, pp. 34-55.

Steven Wheelwright and Kim Clark, Revolutionizing Product Development: Quantum Leaps in Speed, Efficiency, and Quality, Free Press, 2011.

Nigel Wood, "Learning to See: How Does Your Supply Chain Function?" http://www.littoralis.info/iom/secure/assets/iom20041213.753113_41bde1a9d4ef.pdf, accessed October 2011.